ATOS DA ADMINISTRAÇÃO
LESIVOS AO PATRIMÔNIO PÚBLICO

Os Princípios Constitucionais da Legalidade e Moralidade

L733a Limberger, Têmis
Atos da administraçao lesivos ao patrimônio público: os
princípios constitucionais da legalidade e moralidade / Têmis
Limberger. — Porto Alegre: Livraria do Advogado, 1998.
221p.; 14x21cm.

ISBN 85-7348-078-5

1. Ato administrativo. 2. Direitos coletivos. 3. Interesses
difusos. 4. Direito subjetivo. 5. Bens públicos. 6. Ação popular. 7. Ação civil pública. 8. Princípio da legalidade.
9. Moralidade administrativa. I. Título.

CDU 35.077.2

Índices para catálogo sistemático

Ação civil pública
Ação popular
Ato administrativo
Bens públicos
Direito subjetivo
Direitos coletivos
Interesses difusos
Moralidade administrativa
Princípio da legalidade

(Bibliotecária responsável: Marta Roberto, CRB 10/652)

Têmis Limberger

ATOS DA ADMINISTRAÇÃO LESIVOS AO PATRIMÔNIO PÚBLICO

Os Princípios Constitucionais da Legalidade e Moralidade

livraria
DO ADVOGADO
editora

Porto Alegre 1998

© Têmis Limberger, 1998

Revisão
Rosane Marques Borba

Capa, projeto gráfico e diagramação
Livraria do Advogado / Valmor Bortoloti

Gravura da capa
Prédio da Faculdade de Direito da UFRGS

Direitos desta edição reservados por
Livraria do Advogado Ltda.
Rua Riachuelo, 1338
90010-273 Porto Alegre RS
Fone/fax (051) 225-3311
E-mail: livadv@vanet.com.br
Internet: www.liv-advogado.com.br

Impresso do Brasil / Printed in Brazil

Agradecimentos

*Ao meu pai, Eugênio, que me transmitiu o interesse
e a dedicação pelo Direito; à minha mãe, Lurdes,
de quem herdei o gosto pelo ensino e estudo.*

*Aos mestres, que contribuíram para minha
formação jurídica, os quais saúdo na pessoa do
Prof. Almiro do Couto e Silva, que orientou
de forma dedicada esta dissertação.*

*Aos colegas Calil, Keller, Noara e Finger,
com os quais discuti minhas dúvidas
durante a realização deste trabalho.*

"Terrível calamidade é a injustiça que tem armas na mão. As armas que a natureza dá ao homem são a prudência e a virtude. Sem a virtude, ele é o mais ímpio e o mais feroz de todos os seres vivos; (...) . A justiça é a base da sociedade. Chama-se julgamento a aplicação do que é justo."

ARISTÓTELES, *A Política*.

Prefácio

A preocupação com a defesa do patrimônio público ou, num horizonte mais largo, dos interesses públicos em geral, cresceu significativamente no lapso de tempo situado entre a Constituição de 1946 e a de 1988. Foi nesse período, no ano de 1965, que se editou a Lei nº 4.717, disciplinando a ação popular. Embora prevista já na Constituição de 1934 como meio de que dispunha qualquer cidadão para postular a invalidade de *atos lesivos ao patrimônio da União, dos Estados e Municípios* (art. 113, § 34), por falta de legislação infraconstitucional o preceito resultou despido de valor prático. A Constituição de 1946 tornou a receber a ação popular (art. 141, § 38), quase repetindo os termos da Constituição de 1934. Tem, apenas, como inovação substancial, a inclusão do patrimônio das entidades autárquicas e das sociedades de economia mista no universo do patrimônio público que a ação constitucional visava a proteger. Contudo, como sucedera anteriormente, a ausência de disposições mais minudentes no plano da legislação ordinária impediu que o instituto se desenvolvesse. Somente com a Lei nº 4.717/65 é que foram criadas as condições necessárias para que se implantasse verdadeiramente, no Brasil, o controle jurisdicional, por provocação popular, dos atos da Administração Pública.

· Isto representou, na verdade, um *tournant* na história jurídica nacional, pois, até então, todo o exame judiciário dos atos do Estado no desempenho da função administrativa pressupunha a lesão de um direito subjetivo da própria parte lesada, salvo, é óbvio, no *habeas corpus*. No que diz, porém, com os demais direitos, não protegidos pelo *habeas corpus*, a inexistência de direito subjetivo violado ou ameaçado de violação impedia o apelo ao Poder Judiciário. O nosso mandado de segurança e, antes dele, a função que a doutrina e a jurisprudência brasileiras emprestaram ao *habeas corpus*, até a reforma constitucional de 1926, exigiam como requisito para a impetração que houvesse direito subjetivo contrariado ou ameaçado de lesão, diferentemente do símile francês do recurso por excesso de poder, para o qual basta um interesse jurídico afrontado. No Brasil, embora as normas processuais aludissem a interesse legítimo, era indispensável que a parte alegasse violação ou ameaça de violação a direito subjetivo, o que vale dizer que interesse juridicamente protegido era apenas o direito subjetivo. A chamada Lei da Ação Popular modificou esse estado de coisas ao outorgar a qualquer cidadão a possibilidade de acesso ao Poder Judiciário na defesa não de um direito subjetivo, ou até mesmo de um interesse que lhe fosse próprio, mas de um interesse público, de todo o povo.

Esta foi, sem nenhuma dúvida, uma das primeiras e principais conquistas da democracia participativa entre nós, pois, até aquele momento, quem se incumbia de zelar pelos interesses públicos era exclusivamente o próprio Estado. Outro avanço importante, no sentido que descrevemos, foi a Lei da Ação Civil Pública (Lei nº 7.347/85). A Constituição de 1988 ampliou consideravelmente as vias de provocação de manifestação do Poder Judiciário pelos indivíduos, quer isoladamente, quer agrupados em associações, sindicatos ou partidos políticos, a respeito dos atos do Estado, tanto no exercício da função administrativa quanto da função legislativa. Hoje certamente é o Brasil o país que tem o mais amplo elenco de caminhos processuais que permitem aos indivíduos ou aos cidadãos questionar os atos do Estado quando contrários à Constituição, por ação ou omissão, ou lesivos a interesses individuais, difusos ou coletivos. A par disto, a atual Constituição da República inscreveu como função institucional do Ministério Público *"promover o inquérito civil e a ação civil pública, para a proteção do patrimônio público e social, do meio ambiente e de outros interesses difusos e coletivos"* (art. 129, III). Finalmente, a Lei nº 8.429/92, conhecida como Lei da Improbidade Administrativa, que tantas polêmicas tem suscitado, veio somar-se ao elenco dos diplomas federais voltados à proteção do patrimônio público ou a defender os interesses gerais contra atos que atentem contra os princípios da administração pública.

Os temas jurídicos que se situam dentro do marco normativo que acima indiquei são, nas mais das vezes, instingantes pela complexidade que apresentam mas, sobretudo, porque dizem respeito, nos seus aspectos mais modernos, a interesses que transcendem aos dos indivíduos considerados isoladamente, qualificando-se como de toda a sociedade. Dentre estes está, como já realçado, o da proteção ao patrimônio público.

A obra que Têmis Limberger agora lança em livro é, com pequenos polimentos, a dissertação que apresentou para a obtenção do título de Mestre, no Curso de Pós-Graduação da Faculdade de Direito da Universidade Federal do Rio Grande do Sul. Examinada por Banca composta pelos Professores Odette Medauar, Diogo Figueiredo Moreira Neto e Luiz Afonso Heck obteve ela o conceito mais alto. Trata-se, na verdade, de trabalho em que as exigências de conhecimento teórico, imprescindíveis em ensaios acadêmicos, estão admiravelmente entrelaçadas com as soluções práticas, colhidas na jurisprudência. No que diz com a parte teórica, examina a autora o *iter* percorrido pelo direito contemporâneo no tocante ao controle jurisdicional dos atos do Estado no exercício da função administrativa, a partir dos casos de lesão ou ameaça de lesão a direito subjetivo, até os em que os interesses violados são difusos ou coletivos. Faz ampla análise dos conceitos de interesses difusos e coletivos e de direito subjetivo público, com abundantes remissões à doutrina do direito comparado, procedendo, ainda, ao exame das formas de controle judicial dos atos administrativos. E conclui com a crítica de numerosas manifestações jurisprudenciais, em ações populares ou ações civis públicas, pertinentes à lesão ao patrimônio público ou aos princípios constitucionais da legalidade e da moralidade administrativa.

Pela atualidade da matéria e pela competência e segurança com que ela é versada, vaticino para as páginas que agora são entregues à crítica dos leitores o sucesso que merecem os livros jurídicos feitos com seriedade e rigor científico.

Almiro do Couto e Silva

Sumário

Introdução 17

Parte I - Alguns pressupostos teóricos

1. Hiato entre Sociedade e Estado 31
2. Interesses coletivos e difusos 39
   2.1. Conceituação 39
   2.1.1. Dicotomia clássica: interesse privado e interesse
   público - primário e secundário 39
   2.1.2. Interesses metaindividuais: difusos, coletivos e
   individuais homogêneos 40
   2.2. Histórico 42
   2.2.1. Escola processualista e as *class actions* 42
   2.2.2. Interesses coletivos e proteção no Direito Romano . . 46
   2.2.2.1. *Habeas corpus* 47
   2.2.2.2. *Actio Popularis* 49
   2.2.3. Ação Popular e Direito Medieval 52
   2.2.4. Ação Popular e Estado Liberal 53
   2.2.5. Ação Popular nas Constituições Brasileiras 53
   2.2.6. Ação Popular no Direito romano e no Direito brasileiro
   e as tendências da ação 56
3. Direitos Públicos Subjetivos 57
   3.1. Direitos Públicos Subjetivos e Constituição 57
   3.2. Fases de proteção das liberdades e dos direitos
   na Constituição 58
   3.3. Direito norte-americano 60
   3.3.1. Parte óbvia 60
   3.3.2. Parte interessada 60
   3.3.3. Consumidor 61
   3.4. Direito Francês 64
   3.4.1. Recurso por excesso de poder 65
   3.4.2. Recurso de plena jurisdição 68
   3.4.3. Jurisprudência do recurso por excesso de poder . . . 69
   3.5. Direito Alemão 73

3.5.1. Georg Jellinek 73
3.5.2. Otto Mayer 76
3.5.3. A moderna doutrina alemã 77
3.5.4. Crítica ao Direito Público Subjetivo no tocante à idéia de liberdade 80
3.5.5. Comparação entre o Direito francês e o Direito alemão 81
3.6. Direito Italiano 82
3.6.1. Zanobini 82
3.6.2. Santi Romano 83
3.6.3. Biscaretti di Ruffia 87
3.7. Direito Brasileiro 89
3.7.1. Ruy Cirne Lima 89
3.7.2. José Cretella Júnior 91
3.7.3. Francisco Cavalcante Pontes de Miranda 91
3.7.4. Direito Público Subjetivo de acesso ao Poder Judiciário e sua importância como forma de defesa dos direitos e interesses 94
3.7.5. A proteção ao patrimônio público como interesse difuso 95
4. Controle Judicial dos Atos Administrativos 106
4.1. A posição de Seabra Fagundes 106
4.1.1. Formas de Controle 106
4.1.2. A possibilidade de revisão judicial dos atos . . . . . . administrativos aprovados pelo Tribunal de Contas . 109
4.2. Aspectos polêmicos 111
4.2.1. Atos discricionários, conceitos jurídicos indeterminados e atos vinculados 111
4.2.2. Mérito administrativo e Princípio da Legalidade . . . 115
4.2.3. Moralidade e Direito 121
4.2.4. Imoralidade e Desvio de Poder 126
4.2.5. A lesividade ao patrimônio público 128
4.2.6. Ação civil pública e Inquérito civil - limites à aplicabilidade do artigo 5º, LV, da CF 133

Parte II - A interpretação jurisprudencial dos atos da administração lesivos ao patrimônio público

5. Ação Popular 139
5.1. Quanto à lesividade 139
5.1.1. Reconhecendo a lesividade e somente decretando o ato nulo 139
5.1.1.1. Dispensa de concurso público para admissão de funcionários fora das hipóteses autorizadoras . . . 139
5.1.1.2. Doação a particular de bem desapropriado por interesse social 143
5.1.1.3. Aposentadoria especial de parlamentar 144
5.1.1.4. Venda de lotes e desvio de poder 145

5.1.1.5. Aumento de remuneração aos membros do Legislativo
e do Executivo para vigorar na mesma legislatura . 145
5.1.1.6. Contratação de servidores em período eleitoral . . . 146
5.1.2. Reconhecendo a lesividade e a obrigação de indenizar 148
5.1.2.1. Publicidade 148
5.1.2.1.1. Publicidade e desvio de finalidade 148
5.1.2.1.2. Publicidade e ofensa ao princípio da impessoalidade 149
5.1.2.2. Contratação irregular 150
5.1.2.3. Despesas de viagem ao exterior 151
5.1.2.4. Vantagens a funcionários 152
5.1.2.5. Empréstimo de dinheiro público a particular sem
base legal 153
5.1.2.6. Concessão de serviço público realizado sem prévia
concorrência 155
5.1.2.7. Contratação de servidores 156
5.1.3. Não reconhecendo a lesividade 157
5.1.3.1. Decretando a nulidade do ato, sem reconhecer o
dever de indenizar 157
5.1.3.1.1. Contratação de servidor público em período de
vedação legal 157
5.1.3.1.2. Inocorrência de licitação e construção de obra . . 160
5.2. Improcedência da ação 164
5.2.1. Tomada de empréstimo e reaplicação 164
5.2.2. Irregularidades [sic] na contratação e grande período
de tempo decorrido 166
5.2.3. Licitação realizada sob a modalidade de carta-convite
quando deveria ter sido a concorrência 167
5.2.4. Termo de acordo firmado extrajudicialmente após
decisão judicial 169
5.3. Indeferimento de inicial 170
5.3.1. Falta de interesse em agir 170
5.3.2. Pedido juridicamente impossível 171
5.3.3. Ilegitimidade passiva 173
5.4. Quanto aos requisitos (ilegalidade e lesividade) 175
5.4.1. Exigindo apenas um dos requisitos 175
5.4.2 Exigindo dois requisitos 177
6. Ação Civil Pública 179
6.1. Quanto à legitimidade do Ministério Público 179
6.1.1. Reconhecendo a legitimidade 179
6.1.2. Reconhecendo a ilegitimidade 182
6.2. Quanto à idoneidade da ação civil pública como
meio de proteção ao patrimônio público 183
6.2.1. Considerando idônea 183
6.2.2. Considerando inidônea 183
6.3. Concessão de liminar 184

6.3.1. Sustação de publicidade e indeferimento do seqüestro de bens 184
6.3.2. Licitação dita fraudulenta e indeferimento do seqüestro 186
6.3.3. Conflito de competência: Justiça eleitoral e Justiça comum 187
6.4. Decretando a nulidade do ato e o dever de indenizar . 188
6.4.1. Subvenção do poder público à sociedade esportiva . 188
6.4.2. Decreto legislativo municipal que fixa diárias para vereadores em valor abusivo 193
6.4.3. Gastos exagerados que fogem ao âmbito da discricionariedade 194
6.5. Não reconhecendo o dever de indenizar 196
6.5.1. Aplicação de receita municipal no ensino obrigatório 196
7. Ação Popular e Ação Civil Pública 199
7.1. Possibilidade de propositura de ambas 199
7.2. Conflito de competência 200
8. Outros casos 203
8.1. Eleitoral 203

Conclusão 205

Bibliografia 211

Introdução

A idéia de poder e a quem conferir legitimidade para exercê-lo constituem-se em tema que há muito inquieta os filósofos, os cientistas políticos, os sociólogos e os estudiosos do direito e, em particular, os constitucionalistas.

Esta dissertação se propõe a abordar alguns aspectos de como tornar o exercício e o controle de poder mais democrático, atentando, principalmente, à realidade brasileira e, dentro desta perspectiva, ao regramento jurídico estatuído por meio da Constituição Federal de 1988.

Uma abordagem isolada, porém, seria desconsiderar a longa discussão histórica, filosófica, sociológica e jurídica que permeia o tema. Não se tem a pretensão de esgotar a discussão nessas áreas, mas sim trazer alguns dos seus elementos a fim de contribuir para a melhor compreensão da problemática. Faz-se isto, também, por considerar o direito constitucional como ramo das ciências jurídicas e sociais. Daí desde logo se depreende sua vinculação e integração com as demais ciências, já que não se concebe o jurídico por si mesmo, mas este somente se justifica com seu regramento e demais aparatos em função de uma determinada sociedade.

A temática dos mecanismos verticais de controle de poder evoca outros grandes temas relacionados, tais como: a idéia da Constituição como limitadora do poder, a Separação dos Poderes como forma de controle recíproco entre os mesmos, o hiato entre a Sociedade e o Estado e o controle vertical como necessário ao Estado Democrático de Direito.

A idéia de Constituição enquanto mecanismo de controle de poder encontra-se muito bem desenvolvida por Karl Loewstein[1], segundo o qual a classificação de um sistema político constitucional depende da existência ou coerência de instituições efetivas por meio das quais o exercício do poder político está distribuído entre detentores de poder e a maneira pela qual estejam submetidos ao controle dos destinatários do poder, constituídos em detentores supremos do poder. *Sendo a natureza humana como é, não cabe esperar que o detentor ou os detentores do poder sejam capazes, por autolimitação voluntária*, de liberar aos destinatários do poder e a si mesmos do trágico abuso de poder. Passaram-se muitos séculos até que o homem político aprendeu que a sociedade justa, que lhe outorga e garante direitos individuais, depende de limites impostos aos detentores do poder no exercício desse, independente de a legitimação de seu domínio ter fundamentos fáticos, religiosos ou jurídicos. Com o decorrer do tempo, tem-se reconhecido que a melhor maneira de alcançar este objetivo será fazendo constar os freios que a sociedade deseja impor aos detentores de poder em forma de um sistema de regras fixas - a Constituição - destinadas a limitar o exercício do poder político. *A Constituição se converteu, então, no dispositivo fundamental para o controle do poder.* Neste contexto, Canotilho[2]. com muita propriedade, assevera que *a Constituição se constitui em estatuto jurídico do político*.

Uma das formas de controle de poder vem estatuída pelo Princípio da Separação dos Poderes, e ele se

---

[1] Karl Loewstein, *Teoría de la Constitución*, Editora Ariel, Barcelona, 2ª ed., 1976, p. 149, grifos nossos.

[2] José Joaquim Gomes Canotilho, *Direito Constitucional*, 5ª ed., 2ª reimp., Almedina, Coimbra, 1992, p.39, grifos nossos.

constitui em Princípio fundamental da Constituição Brasileira, estando enunciado no artigo 2º da Carta Magna.

O Princípio da Separação dos Poderes foi incorporado por todos os sistemas jurídicos constitucionais modernos a partir da Revolução Francesa. Tal postulado deve-se a Montesquieu, mas que já se insinuava nas obras de Aristóteles[3] e John Locke[4], principalmente.

Montesquieu, por meio da obra *O Espírito das Leis*, inovou em dois aspectos: o primeiro, consiste em excluir da ciência social toda perspectiva religiosa ou moral e o segundo, no afastamento do doutrinador das teorias abstratas e dedutivas e o seu direcionamento para a abordagem descritiva e comparativa dos fatos sociais. Para realização de sua obra, Montesquieu procedeu ao estudo de diversas sociedades, visando a classificá-las. Trabalho de tal envergadura somente antes havia sido realizado por Aristóteles[5] (384-322 a.C.) quando em seu tratado de Política pesquisou instituições políticas de mais de cento e cinqüenta Estados - repúblicas e monarquias de seu tempo. Baseou-se na comparação de organizações políticas existentes, e suas conclusões não eram, como as da República de Platão,[6] meros entes da razão. Desconsiderando o fator tempo, Aristóteles analisou a estrutura da sociedade. Para os gregos antigos, *pólis* era mais do que o termo "cidade" representa hodiernamente. Não significava apenas um meio urbano, em oposição ao meio rural. A *pólis* era um Estado integralmente independente e soberano, no sentido moderno desses termos. A *pólis* formulava as leis que vigoravam dentro de suas fronteiras. Quando Aristóteles afirmou que "o homem é naturalmente um animal político, desti-

---

[3] Aristóteles, *A Política*, Ediouro, Coleção Universidade de Bolso, Textos Integrais, p. 128.

[4] John Locke, *Segundo Tratado sobre o Governo*, 3ª ed., São Paulo, Abril Cultural, 1983, capítulos XII, XIII e XIV, pp. 91/103.

[5] Aristóteles, *A Política*, op. cit., p. 7.

[6] Platão, *A República*, Atena Editora, São Paulo, 1962.

nado a viver em sociedade"[7], não se referia às manifestações externas da *pólis* enquanto entidade soberana, e sim às relações internas que viabilizam a existência da cidade. O que Aristóteles estava dizendo é que apenas o homem possuía as qualidades que tornam possível a existência em comunidade - em grego, literalmente, *Koinonia*. Segundo Aristóteles, ela era possível porque só o homem dentre todos os animais possuía o *logos*. O *logos* era mais do que a capacidade de falar. O termo denotava também a razão e a moralidade. Como o próprio Aristóteles observou, existem outras formas de vida social ou gregária. Mas "o que distingue o homem dos outros animais é ser ele o único a perceber o bem e o mal, o justo e o injusto".[8] Quando Aristóteles afirma que a pólis existe "por natureza"[9], quer dizer que ela decorre da natureza do homem, de um senso de justiça intrínsico. Para os gregos, a pólis tinha uma característica especial: era, segundo Aristóteles, "uma associação de homens livres". A *pólis* se autogovernava. Os governados eram governantes , "o cidadão alternadamente governa e é governado". Em Atenas, todos os homens nascidos livres eram cidadãos, os principais cargos públicos eram preenchidos por eleição, mas muitos outros eram ocupados por sorteio, para que todos os cidadãos tivessem as mesmas oportunidades de vir a participar do governo. Todo cidadão tinha o direito de votar e de falar na assembléia na qual as leis eram elaboradas e de participar dos tribunais que aplicavam e interpretavam essas leis, tal é o que se depreende de alguns dos postulados de "A Política ".[10]

Em uma síntese apertada, enquanto Platão era um teórico, Aristóteles era um observador dotado de cunho

---

[7] Aristóteles, op. cit., p. 13.

[8] Ibidem.

[9] Idem, p. 14.

[10] Idem, pp. 14 e 52 e segs.

prático. Talvez por isso que no afresco pintado por Rafael, que se vê no Museu do Vaticano, retratando a Escola de Atenas[11], enquanto Platão ergue os olhos para o céu, como um idealista, Aristóteles, ao contrário, olha para a terra como um atento cientista .

Passaram-se séculos (século IV a. C. até o século XVIII d. C) para que esta análise das sociedades reais analisadas por Aristóteles fosse resgatada. Tal ocorreu por meio da obra de Montesquieu, onde se tem que a lei é obra da razão humana[12]. O Barão de La Brède se ocupou, também, dos fatos humanos como são, diferente do que ocorreu na proposta formulada por Hans Kelsen, segundo o qual o plano fático situa-se no plano do ser e a norma no dever-ser[13].

A doutrina conhecida como da Separação dos Poderes, originária na Teoria proposta por Montesquieu, no século XVIII, é revestida de grande atualidade, pois o constitucionalismo moderno até hoje utiliza seu enunciado, ao dispor sobre a organização dos poderes nas Cartas Políticas dos Estados Contemporâneos.

Na obra de Montesquieu, *O Espírito das Leis*, encontra-se uma verdadeira revolução metodológica no plano filosófico. Montesquieu é tido como o primeiro sociólogo, uma vez que destituiu da lei a origem divina e colocou-a como obra da razão humana, da realidade social. Paradoxalmente, não obstante as rivalidades históricas que existiam entre ingleses e franceses, este cidadão francês descreveu o Parlamento Inglês quando viajou para a Inglaterra, em 1729[14]. A Teoria conhecida

---

[11] Rafael, A Escola de Atenas, Afresco, Stanza della Signatura, Vaticano, História Geral da Arte, Pintura II, Ediciones del Prado, Espanha, 1995, p. 21 e também *in* Miguel Angel y Rafael en el Vaticano, Edizioni Musei Vaticani, Città del Vaticano, 199, pp. 146/7.

[12] Montesquieu, *Do Espírito das Leis*, Coleção Os Pensadores, 2ª ed., São Paulo, Abril Cultural, 1979, 1ª parte, Livro 1º , Das Leis em Geral, p. 25.

[13] Hans Kelsen, *Teoria Pura do Direito*, São Paulo, Martins Fontes, 1985, p. 5.

[14] Montesquieu, op. cit., p. XXIII.

como Separação dos Poderes encontra-se enunciada no Livro XI, denominado da Constituição da Inglaterra. Apesar das críticas que hoje lhe são feitas, por Louis Althusser[15], quando descreve que a Teoria da Separação dos Poderes de Montesquieu é um mito. Conforme Althusser[16], os detentores de poder seriam: o rei, os nobres e os burgueses, sendo que, segundo estes, Montesquieu teria feito uma opção clara por concentrar os maiores poderes na mão da nobreza, deixando-a numa posição de quase invulnerabilidade, de modo a poder livremente perpetuar seus privilégios. Em realidade, podem ser feitas algumas críticas à obra de Montesquieu, uma vez que destituiu os magistrados de qualquer poder. No seu pensamento, o poder de julgar, "é, de algum modo, nulo"[17] e, ainda, não lhe ocorreu prever o controle da constitucionalidade das leis. A riqueza de sua obra consiste, porém, em enunciar um sistema abstrato da separação de poderes e de descrever concretamente os controles recíprocos entre as funções do Estado, tais como: o direito de veto que o monarca possuía sobre os atos do Legislativo, o direito de responsabilizar os Ministros por seus atos perante o Parlamento e o processo político de *impeachment*, em que o Rei era julgado pela Câmara Alta sob a acusação da Câmara Baixa.

É importante destacar que a expressão "Separação de Poderes" não é utilizada pelo citado autor. A idéia de Repartição de Poderes e o respectivo controle, propugnada por Montesquieu, foi, todavia, incorporada pela Constituição norte-americana e foi expressa no artigo 16 da Declaração Universal dos Direitos do Homem e do

---

[15] Louis Althusser, *Montesquieu, A Política e a História*, 2ª ed., Lisboa, Editorial Presença.

[16] Althusser, op. cit., p. 29.

[17] Montesquieu, *Do Espírito das Leis*, op. cit., p. 151.

Cidadão[18], influenciando, até hoje, o Constitucionalismo Contemporâneo[19].

Estes mecanismos recíprocos de controles entre os poderes podem ser considerados como controles horizontais de poder, pois se situam no mesmo patamar. Como controles horizontais conhecidos em nossa Constituição, poderíamos citar: a) aquele sobre os atos oriundos do Poder Legislativo, o Controle da Constitucionalidade das Leis realizado pelo Poder Judiciário (que não foi abordado por Montesquieu, em sua obra), surgindo de forma sistematizada nos EUA - controle difuso, no século XVIII - e na Áustria - controle concentrado, por meio das idéias de Hans Kelsen, no início deste século; no sistema legal brasileiro são combinados os dois critérios para argüição de inconstitucionalidade, sendo per-

---

[18] Declaração de Direitos do Homem e do Cidadão, de 26 de agosto de 1789, artigo 16: "Toda a sociedade na qual a garantia de direitos não é assegurada, nem a separação de poderes é determinda, não possui uma constituição", *Textes Constitutionnels Français*, Stéphane Rials, 11ª ed., Presses Universitaires de France, Paris, 1995, p.5.

[19] Desta forma, tem-se a Separação dos Poderes estatuída: a) na Constituição dos EUA: artigo 1º, 1ª seção, tratando do Poder Legislativo; artigo 2º, 1ª seção, Poder Executivo e artigo 3º, 1ª seção, Poder Judiciário, conforme *Textos Constitucionales*, Coordenado por Miguel A. Aparicio Pérez, EUB, Barcelona, 1995, pp. 11, 16 e 19, respectivamente.

A Constituição da Itália de 1947, a partir do artigo 55, dispõe a respeito do Poder Legislativo, o artigo 83 sobre o Poder Executivo e o artigo 102 concernente ao Poder Judiciário, conforme op. cit., pp. 71, 76 e 79.

A Constituição Alemã de 1949 estabelece o regramento do Poder Legislativo a partir do artigo 38, Poder Executivo do artigo 54 e do Poder Judiciário do artigo 92, conforme op. cit., pp. 102, 106 e 120.

A Constituição Francesa de 1958 discorre sobre o Poder Executivo a partir do artigo 5º, o Poder Legislativo do artigo 24 e o Poder Judiciário do artigo 64, consoante op. cit., pp. 144, 148 e 156.

A Constituição Espanhola de 1978 disciplina o Poder Executivo a partir do artigo 97, o Poder Legislativo do artigo 66 e o Poder Judiciário no artigo 117, consoante op. cit., pp. 260, 263 e 273.

A Constituição Russa de 1993 estatui o Poder Executivo a partir do artigo 80, o Poder Legislativo do artigo 94 e o Poder Judiciário do artigo 118, segundo op. cit., pp. 178, 182 e 188.

A respeito da separação dos poderes nas constituições contemporâneas, a obra de Luis Sanchez Agesta denominada *Curso de Derecho Constitucional Comparado*, 7ª ed., *Universidad de Madrid, Madrid*, 1988.

mitido de ambas as maneiras o aludido controle (via direta, prevista no artigo 103 da Constituição Federal - CF, e via incidental, artigo 102, III, *b*, da CF); b) o exercido pelo Poder Legislativo sobre os atos do Poder Executivo, quando, por exemplo, edita a lei a partir da qual deverá se nortear a atividade do administrador - Princípio da Legalidade[20], em razão da qual a Administração somente poderá praticar atos respaldados em lei, artigo 37, *caput*, da CF e, também, quando julga os crimes de responsabilidade do Presidente da República, artigo 86, da CF; c) o Poder Executivo tem o poder sobre os atos de produção legislativa, quando se permite ao Presidente da República que vete o projeto de lei, artigo 66, § 1º, da Carta Magna, d) o Poder Judiciário pode controlar os atos emanados dos Autoridades Públicas, principalmente por meio do mandado de segurança, individual ou coletivo, ação popular, *habeas corpus*, mandado de injunção, ação civil pública e ação direta de inconstitucionalidade, consoante o artigo 5º, incisos LXIX e LXX, LXXIII, LXVIII,LXXI, 129,III, e 102,I, *a*, da CF; e) o Poder Legislativo controla os atos emanados do Poder Judiciário, já que estabelece o comando geral e abstrato, através do qual o magistrado dirá o direito para o caso concreto, através da decisão judicial, e, também, cabe ao Senado Federal a aprovação do nome dos magistrados para os Tribunais Superiores, conforme artigo 52, III, *a*, da CF, sendo que ao Poder Executivo incumbe a nomeação dos mesmos, segundo o artigo 84, XVI, da CF.

Desta forma, poder-se-ia pensar em um controle dito vertical de poder, uma vez que se tem buscado a cada dia a democratização do poder. Nesta visualização de controles, a sociedade poderia fiscalizar os atos praticados pelo Estado nas suas mais diferentes funções.

---

[20] José Manuel Sérvulo Correia, *Legalidade e Autonomia Contratual nos Contratos Administrativos*, Livraria Almedina, Coimbra, 1987, p.17.

Não se pense que haveria uma inferiorização por parte da sociedade que estaria abaixo do Estado e nesta perspectiva faria a sua fiscalização. A compreensão que aqui se pretende dar é a proposta por Karl Loewenstein[21], quando se refere a controles horizontais como sendo aqueles que se operam dentro de um determinado poder (intra-orgânico) ou entre os diversos detentores de poder (interorgânicos). Os controles horizontais se movem lateralmente, no mesmo aparato de domínio, sendo que os controles verticais funcionam em uma linha ascendente e descendente entre a totalidade dos poderes instituídos e a comunidade, por meio de seus componentes. No entender de Loewenstein, sob a denominação de controles verticais, agrupam-se três formas: a) o Federalismo, b) Direitos e Garantias Individuais (direitos individuais, direitos sociais e propaganda eleitoral, e c) pluralismo, onde há: c.1) Grupos Institucionalizados (ex: Igreja, Partidos Políticos, classe operária organizada em sindicatos e associações, agricultores organizados em cooperativas, associações profissionais de médicos, advogados etc); e c.2) Manifestações sociológicas - metajurídicas, tais como os *lobbies*.

O presente trabalho, porém, desenvolverá o aludido controle vertical de poder como sendo aquele que a sociedade exerce sobre os atos do Estado, em contraposição ao controle horizontal, onde cada poder tem a possibilidade de fiscalizar os atos oriundos dos demais. Pretende-se abordar, nesta dissertação, principalmente os mecanismos que existem na Constituição Federal Brasileira, sem se vincular à classificação proposta por Karl Loewenstein, enfocando as ações constitucionais que permitem o controle sobre os atos que lesam o erário público. A escolha do controle dos atos do poder público que lesam o patrimônio público deve-se ao fato de que o

---

[21] Karl Loewenstein, *Teoría de la Constitución*, 2ª ed. Barcelona, Editorial Ariel, 1976, p. 33.

Estado para desenvolver os fins que pretende, pelos princípios constitucionais gerais, e cumprir os fins a que se destina, por meio das normas programáticas, precisa de recursos financeiros. Somente com recursos é que poderá investir em áreas prioritárias. Se o controle dos gastos do Estado é necessário em qualquer país, mormente isso deve ocorrer em uma nação que se encontra em fase de desenvolvimento tal qual o Brasil. A respeito do tratamento do orçamento em sede constitucional, tem-se a obra de Ricardo Lobo Torres[22], onde o autor denomina a Constituição Orçamentária de 1988, apontando para a estreita relação entre Estado de Direito e orçamento, bem como a influência dos fatores políticos e econômicos. A legislação infraconstitucional editada após a Constituição de 1988 demonstra a preocupação com o destino dos dinheiros públicos, cite-se como exemplo a legislação sobre licitações (Lei nº 8.666/93) e a lei que coíbe os atos administrativos praticados de forma ímproba (Lei nº 8.429/92).

A tendência que se nota com a efetivação do Estado Democrático de Direito é o desenvolvimento de novos mecanismos de controle da sociedade sobre o Estado. E em contrapartida, quanto mais se desenvolvem os mecanismos de controle por parte da sociedade com relação ao Estado, na mesma proporção se dá o aprimoramento

---

[22] Ricardo Lobo Torres, O Orçamento na Constituição, Rio de Janeiro, Renovar, 1995, pp. 3/7, onde o autor assevera que a idéia de Constituição Orçamentária é integrada no seu nascimento ao Estado de Direito, dizendo que é inútil procurar a figura do orçamento antes das revoluções liberais dos séculos XVII e XVIII. O autor estatui que com o desenvolvimento do constitucionalismo, o orçamento teve de se adaptar às garantias de liberdade. Durante o século XIX e início do século XX, constitui-se o Estado Fiscal Clássico, baseado na distinção entre lei formal e material. Com a crise fiscal do início do século XX, dá-se a figura do intervencionismo do Estado no domínio econômico e social. A partir das décadas de 1980 e 1990, esse perfil tende a se alterar: há uma preocupação com a contenção dos gastos públicos, mas não há uma relação entre as receitas e as despesas públicas. Por derradeiro, conclui o autor que a Constituição Brasileira de 1988 inspirou-se na Constituição da Alemanha.

e o fortalecimento do Estado Democrático de Direito. Estes institutos são inerentes à democracia, e não se coadunam com o Estado autoritário. Aproveitando os dizeres de J. J. Gomes Canotilho e Vital Moreira[23]: "O Estado de direito democrático «exige» os direitos fundamentais; os direitos fundamentais «exigem» o Estado de direito democrático." Poder-se-ia, então, aproveitando os ensinamentos acima transcritos, dizer que: o Estado de direito democrático «exige» os mecanismos de controle da sociedade com relação ao Estado; enquanto os mecanismos de controle «exigem» o Estado de direito democrático.

Sempre me preocupou a irresponsabilidade com a coisa pública, que vai desde quando um cidadão depreda um telefone público até quando o administrador não procede corretamente e causa prejuízo à comunidade. Em ambos os casos, os cofres públicos perdem divisas que poderiam ser aplicados em setores prioritários.

Cabe, então, abordar dois aspectos relevantes dentro desta questão e pertinentes ao tema tratado. Em primeiro lugar, uma abordagem mais teórica: o hiato entre a sociedade e o Estado e o surgimento dos interesses coletivos e difusos com a sua vinculação aos direitos públicos subjetivos. Em segundo lugar, como estão os mecanismos de controle da sociedade sobre o Estado nas questões referentes ao erário público analisadas a partir das demandas que são julgadas por nossos tribunais. E, ao final, uma análise das lides e a sua relação com o implemento do Estado Democrático de Direito.

---

[23] J.J. Gomes Canotilho e Vital Moreira, *Fundamentos da Constituição*, Coimbra Editora, 1991, p. 99, grifos dos autores.

Parte I

ALGUNS PRESSUPOSTOS TEÓRICOS

1. Hiato entre Sociedade e Estado

A distância entre Sociedade e Estado constitui-se em um grave problema dos nossos dias. O cidadão comum, na maioria das vezes, não se sente compromissado com suas atitudes com relação ao Estado. O Estado é para ele vinculado com a idéia de governo, e dele não se sente parte integrante, fazendo com que suas atividades da vida hodierna ocorram de uma forma completamente dissociada. Ao "governo" incumbem as soluções dos problemas nacionais, e o cidadão não consegue perceber que seus atos ou omissões servem para manter uma determinada prática política. Muitas vezes, não consegue perceber a importância de sua participação para uma prática política modificadora e, também, da sua participação consciente por meio dos mecanismos que hoje lhe são permitidos pela lei e até a luta por outros institutos mais democráticos. A prática democrática que mais conhece é o voto e, muitas vezes, o exerce tão-somente devido à obrigatoriedade do mesmo, pois se fosse dado a alguns deles a facultatividade, muitas vezes não o exerceriam. E em certos locais menos desenvolvidos do país, quer sob o ponto de vista econômico ou político, o voto seria utilizado como forma de barganha para obter benefícios junto aos candidatos.

Desenvolvendo um conceito de cidadania de forma mais crítica, Vera Regina Pereira de Andrade[24] aponta

---

[24] Vera Regina Pereira de Andrade, *Cidadania: do Direito aos Direitos Humanos*, São Paulo, Editora Acadêmica, 1993, p. 27.

para a redução do conceito de cidadania, tanto no âmbito doutrinário, quanto no legal, por meio das Constituições Brasileiras. Assim, segundo a citada autora, "no âmbito do Direito Constitucional, ou a cidadania é encarada como um *status* equivalente à nacionalidade, ou dela é tenuamente diferenciada". Neste diapasão, "A Constituição diz quem é brasileiro, natural ou naturalizado e, portanto, quem está potencialmente capacitado a ser cidadão". Ao indivíduo não é conferido nenhum papel na aquisição e manutenção da cidadania. Desta forma, a cidadania é atributo concedido pelo Estado por meio da lei ao indivíduo nacional. E, ainda, conforme a autora[25] "a cidadania é tida como categoria estática que, uma vez concedida, acompanha o indivíduo pela vida toda. (...) Ao aprisionar conceitualmente a cidadania como categoria estática e cristalizada - tal qual sua inscrição nas Cartas constitucionais - dogmatiza o seu significado, reduzindo-o a um sentido unívoco". Nesta redução conceitual realizada pela ideologia jurídico-política, os direitos oriundos da cidadania restringir-se-ão ao voto, ao exercício de cargos públicos e à elegibilidade. Esta abordagem despindo as complexidades que envolvem o conceito de cidadania acaba por diminuir e estreitar em muito a sua vinculação e amplitude dos direitos políticos, com suas múltiplas conseqüências, que seria uma participação mais efetiva do cidadão na vida do Estado e o controle sobre os atos do mesmo que daí pode advir, querendo.

O trabalho se propõe a abordar os controles (por via de ação judicial) que a sociedade possui em relação aos atos emanados da administração, que causam lesão ao patrimônio público. Pode parecer curioso, em um primeiro momento, que a população, sendo um dos componentes do Estado[26], venha a possuir meios de controle

---

[25] Vera Regina Pereira de Andrade, op. cit., pp. 28/9.

[26] A respeito dos três elementos que compõem o Estado: - território, povo e poder político - vale referir as contribuições de *Georg Jellinek*, em sua obra

sobre o mesmo. A realidade demonstra que a colaboração do cidadão, entidade ou órgão é necessária e tem sido crescentes nos últimos anos, em termos de realidade brasileira, considerando-se a evolução doutrinária e jurisprudencial. O distanciamento entre o Estado e a sociedade, é enunciado "como uma das razões da proliferação das práticas temerárias e corruptas na Administração Pública" no entendimento de Diogo de Figueiredo Moreira Neto[27]. Por esse motivo, a interposição de ações judiciais é necessária para a formação do Estado Democrático de Direito.

A separação entre Estado e sociedade remonta ao Estado Liberal. A natureza do Estado[28] é tema dos mais

---

Teoría General del Estado, traducción de la segunda edición alemana de 1905, com 1ª ed., em 1900, Editorial Albatros, Buenos Aires, 1970, capítulo XIII, Situación Jurídica de los Elementos del Estado, pp. 295 e segs.

Com relação à população, que é o elemento ora tratado, Jellinek apresenta-a em duplo aspecto: o objetivo e o subjetivo. No primeiro, o povo estaria como elemento de associação do Estado. No segundo, o povo na sua qualidade subjetiva forma a causa de unidade do Estado, uma corporação, isto é, todos os seus indivíduos estão unidos entre si enquanto sujeitos do Estado. A denominação de povo aplicada à totalidade de súditos, em oposição ao soberano, oferece um sentido político, pois juridicamente os indivíduos estão submetidos ao Estado pela vontade da lei. Se o cidadão é considerado súdito frente ao Estado, como tal tem deveres públicos e por outro lado, tem direitos da mesma natureza. Esses direitos foram denominados de direitos públicos subjetivos pelo autor, em sua obra *Direitos Públicos Subjetivos* (*System der subjektiven öffentlichen Recht*, 2ª ed. Revista e reproduzida, Tübingen, 1919).

[27] Diogo de Figueiredo Moreira Neto, *Direito da Participação Política: legislativa, administrativa, judicial: (fundamentos e técnicas constitucionais da legitimidade)*, Rio de Janeiro, Renovar, 1992, p. 196.

[28] Jorge Miranda, em sua obra *Manual de Direito Constitucional*, tomo III, 2ª ed., Coimbra Ed. Ltda, 1988, pp. 9 e segs. , discorre a respeito das concepções contratualistas, organicistas, hegeliana, marxista, de Jellinek, da escola realista francesa e de Kelsen sobre a natureza do Estado.

Para Jorge Miranda, as concepções contratualistas têm raízes no pensamento político medieval, que a partir da noção de pacto procura explicar a origem popular de poder. O desenvolvimento dessa ocorreu principalmente nos séculos XVII e XVIII, sendo seus representantes mais significativos Thomas Hobbes (*Leviatã*, 3ª ed., São Paulo, Abril Cultural, 1983) e Jean-Jacques Rousseau (*O Contrato Social*, Coleção Universidade de Bolso, Ediouro, p. 34/6), além de outros.

Refere o constitucionalista luso que as várias correntes organicistas oscilam

intrincados dentre a doutrina, que ao longo dos períodos históricos de evolução da humanidade teve os mais

---

entre a consideração do Estado como unidade espiritual e a equiparação a um organismo natural ou biológico. A primeira tendência é representada por Gierke, e a segunda, por Spencer.

No entender de Hegel (*Princípios da Filosofia do Direito*, Trad. de Orlando Vitorino, Lisboa, Guimarães Editores, 1959, p. 246), o Estado é a realidade em ato da idéia moral objetiva, e somente como membro do Estado o indivíduo tem objetividade, verdade e moralidade.

Para a concepção marxista, o Estado é o ponto de condensação das contradições da sociedade, daí por que o político em geral se aproxime do estatal.

Jellinek (op. cit., p. 295) apresenta a dupla perspectiva - social e jurídica - do Estado e propõe a integração dos três elementos, anteriormente assinalados.

Um dos principais representantes da escola realista francesa é Léon *Duguit* (*Leçons de Droit Public Géneral*, Boccard Editeur, Paris, 1926, huitième leçon, pp. 139/52). O Estado, para o citado autor, não é somente uma pessoa coletiva soberana, mas é simplesmente uma sociedade na qual um ou mais indivíduos, chamados de governantes, possuem o poder político. Esse poder coativo é legítimo e objetiva realizar os deveres que se impõem aos governantes. Os aludidos deveres não são imputados ao Estado abstratamente, mas às pessoas que detêm o poder político. Na referida experiência francesa, aos senadores, deputados, ao Presidente da República e aos ministros.

Posição diferente é adotada pela escola normativista de Viena, do qual Hans Kelsen com sua obra *Teoria Pura do Direito* (Martins Fontes, 1ª ed. brasileira, 1985, cap. VI, Direito e Estado, pp. 295/334) é o expoente máximo. O Estado é identificado com o direito. Kelsen, combatendo os três elementos clássicos que compõem o Estado, propõe que os mesmos possam ser definidos juridicamente como vigência e domínio da vigência - validade da ordem jurídica. O mestre de Viena propugna a superação do dualismo Direito e Estado, uma vez que esse é pessoa jurídica que personifica aquele, enquanto ordem coercitiva. Assim, seria redundante a denominação Estado de Direito, porque todo o Estado é uma ordem jurídica.

Apesar da grandeza de inúmeras contribuições de Hans Kelsen para a ciência do direito: o dualismo dos aspectos do ser e do dever-ser (*Teoria Geral das Normas*, Fabris, Porto Alegre, 1986), a estrutura escalonada da ordem jurídica da qual surgiu a hierarquia das normas (*Teoria Pura do Direito*, op. cit., p. 240, e *Teoria Geral do Estado*, Martins Fontes, Ed. UnB, 1ª ed. bras., 1990) , a idéia de controle da constitucionalidade das leis de forma abstrata ("La garantie juridictionelle de la Constitucion - La Justice constitutionelle", Revue du Droit Public et de la Science Politique en France et a L' Étranger, 1928, pp. 197 e segs.) e a validade e eficácia do direito, não se pode concordar com a identificação entre Estado e Direito e tampouco com a assertiva de que somente existe o direito posto pelo Estado. Concorda-se, então, com Norberto Bobbio (*Teoria do Ordenamento Jurídico*, São Paulo: Polis, Brasília: Unb, 2ª reimpressão, 1989, pp. 161 e segs.), que não limita o regramento jurídico somente ao direito posto pelo Estado. O jusfilósofo italiano parte da pluralidade dos ordenamentos, tratando das relações entre eles, de onde se extrai o pluralismo jurídico.

diversos significados. Adota-se a posição de Jorge Miranda[29] que assevera: "O *Estado* é um caso histórico de *existência* política e esta é, por seu turno, uma manifestação do *social*, qualificada ou específica".

Assim, o Estado, por meio de sua essência política, congrega a dialética dos cidadãos e do grupo que detém o poder. Apesar de dois fenômenos distintos, convivem em uma unidade, em que um é necessário e imprescindível ao outro, ocorrendo uma articulação entre ambos por uma valoração jurídica.

A separação entre Estado e sociedade é fenômeno que desponta com o surgimento do Estado Liberal de Direito[30].

A descoberta da sociedade como conceito autônomo é mérito de Hegel[31]. O filósofo, ao tratar da moralidade objetiva e subjetiva, aponta três momentos: a família, a sociedade civil e o Estado.

Para Jorge Miranda[32], na época liberal, o conceito de sociedade civil é formulado em termos negativos, abrangendo tudo o que se pretendia que ficasse subtraído da esfera do poder. Na época atual, o constitucionalista português refere-se à contraposição entre Estado-comunidade e Estado-poder (ou Estado-aparelho). Quando o interesse de um é contraditório com o do outro, surge a problemática complexa, que é o objeto deste trabalho.

---

[29] Jorge Miranda, op. cit. p. 20, grifos do autor.

[30] Jorge Reis Novais, *Contributo para uma Teoria do Estado de Direito*, Coimbra, 1987, pp. 51/2, estatui que o Estado Liberal se fundamenta na ideal separação entre o Estado e a Sociedade. A sociedade civil como sendo "o local em que coexistem as esferas morais e económicas dos indivíduos, relativamente às quais o Estado é mera referência comum tendo como única tarefa a garantia de uma paz social que permita o desenvolvimento da sociedade civil de acordo com as suas próprias regras."

[31] Georg Wilhelm Friederich Hegel, *Princípios da Filosofia do Direito*, tradução de Orlando Vitorino, Guimarães Editores, Lisboa, 1959, pp. 194 e segs. Valoroso trabalho sobre a obra de Hegel foi realizado por Norberto Bobbio, em *Estudos sobre Hegel - Direito, Sociedade Civil e Estado*, 2ª ed., Ed. Brasiliense, 1991, pp. 179/91, onde o autor faz acurado estudo e crítica sobre a noção de sociedade civil.

[32] Jorge Miranda, op. cit., p. 24.

Norberto Bobbio[33], em sistemática diferente da anteriormente apresentada por Jorge Miranda, sugere diversas acepções da expressão *sociedade civil*. Nas diferentes conotações, o não-estatal adquire diferentes conotações. Em primeiro lugar, como sendo pré-condição do Estado do que ainda não é estatal; em segundo, da antítese do Estado, ou seja, daquilo que se põe como alternativa ao Estado e, por último, da dissolução e fim do Estado.

Assevera o jusfilósofo italiano que geralmente o conceito de sociedade civil é enunciado de uma forma negativa, como sendo a esfera das relações sociais não reguladas pelo Estado. Estatui que é mais complexo apresentar uma definição positiva de sociedade civil, mas se propõe a formulá-lo como sendo "o lugar onde surgem e se desenvolvem os conflitos econômicos, sociais e ideológicos, religiosos, que as instituições sociais têm o dever de resolver ou através da mediação ou através da repressão". As classes sociais nessa perspectiva são sujeitos do conflito e, portanto, da sociedade civil enquanto fenômeno contraposto ao Estado. Em uma análise mais amiúde estariam os grupos, os movimentos, as associações e as organizações que as representam. Conclui, após acurada digressão histórica , dizendo que a contraposição sociedade e Estado reflete a contradição inerente ao cidadão participante e o cidadão protegido, que muitas vezes se encontram em uma só pessoa. De um lado, quer se sentir protegido, poder-se-ia dizer amparado pelo Estado, e, de outro, gostaria de poder se assenhorar do próprio Estado.

Ernest Forsthoff[34] aponta a importância que a descoberta da sociedade como esfera distinta do Estado

---

[33] Norberto Bobbio, *Estado, Governo e Sociedade - Para uma teoria geral da política*, Tradução Marco Aurélio Nogueira, 4ª ed., Paz e Terra, 1992, pp. 33 e segs.

[34] Ernest Forsthoff, *Tratado de Derecho Administrativo*, Instituto de Estudios Políticos, Madrid, 1958, pp. 74 e segs.

teve para o direito administrativo. A partir do conceito de sociedade e da relação entre Estado e sociedade, surgiu o ramo do direito administrativo, fundada por Lorenz V. Stein, refere o citado autor. A partir de então, F. F. Mayer expõe relações do Estado com o indivíduo tratadas como relação jurídica de direito público, que passam a ser vinculados à noção de direito público subjetivo. Colaboração decisiva para a estruturação do direito administrativo científico como um sistema de instituições jurídicas próprias viria a ser dada por Otto Mayer. Esse autor, criador do moderno método jurídico-administrativo na Alemanha, diferenciou as formas de Estado antecedentes, a época dos direitos soberanos absolutos e o Estado de polícia. Mayer tinha perfeita consciência das diferenças entre os principais modelos históricos: o francês (calcado em uma administração centralizada e unitária) e o alemão (constituído a partir do modelo federativo da época).

Permite-se concluir, apesar da vastidão do tema, que a despeito da aparente contradição entre sociedade e Estado, aí ocorre a dialética necessária para o desenvolvimento de ambos. Assim, se o Estado prescindir do controle da sociedade, tornar-se-á um Estado autoritário. E as experiências constitucionais modernas (no que tange à maioria dos países europeus e da América) são no sentido de implementar a democracia por meio da participação popular[35]. E caso a sociedade venha a

---

[35] Entende-se a democracia participativa como um desenvolvimento da democracia representativa, sendo que combinou os mecanismos desta com a não mais possível democracia direta (reminiscência histórica da experiência grega). Assim, além da participação do cidadão no sufrágio, permite-se que este influencie de uma maneira mais efetiva nas decisões do Estado. Na experiência constitucional brasileira recente, pode-se citar: o plebiscito, o referendo e a iniciativa popular, respectivamente no artigo 14, incisos I, II e III, da CF, a ação popular prevista no artigo 5º, inciso LXXIIII, da Consititução Federal.

Diogo de Figueiredo Moreira Neto, *Direito da Participação Política: legislativa, administrativa, judicial: (fundamentos e técnicas constitucionais da Legitimidade)*, Rio de Janeiro, Renovar, 1992, pp. 185 e segs., enumera os institutos de

prescindir do próprio Estado, não haveria o regramento necessário por meio do Direito, apregoado por Marx, no qual a sociedade socialista chegaria a um desenvolvimento tal que não mais haveria classes[36], não chegou a vingar na prática conforme se depreende da experiência a que se assistiu no final deste século com a queda do muro de Berlim.

Por outro lado, as ações previstas na Constituição para controle do patrimônio público constituem-se em importante avanço para a sociedade no tocante ao controle dos gastos do Estado. Ressalta-se que estes mecanismos o cidadão possui através da ação popular ou por via de ação civil pública em que são legitimados o Ministério Público ou associação (nos termos da lei). Recentemente, com o advento da lei da improbidade - Lei nº 8.429/92 - que veio a explicitar o contido no artigo 37, § 4º, da Constituição Federal, novo mecanismo foi posto à disposição para a fiscalização dos atos praticados pela administração pública. Assim, o controle da sociedade sobre os atos administrativos através da discussão travada no âmbito do Poder Judiciário demonstra uma tendência dos novos tempos.

---

participação no direito brasileiro, festejando-os. Aponta, porém para os problemas decorrentes da participação, que podem provir do despreparo cultural da população, fazendo com que essa apenas legitime soluções ineficientes.

Ressalte-se que em nosso país há estados em que os meios de comunicação de massa são praticamente monopolizados e há o baixo nível cultural dos cidadãos. Assim, determinado tipo de idéia pode ser veiculada e vir a se tornar opinião dominante. A população, quando consultada a respeito, pode tomar deliberações contrárias ao seu real interesse. Daí, por que, a necessidade do desenvolvimento cultural como forma de propiciar a verdadeira democracia participativa.

[36] Ernest Mandel, *Introdução ao Marxismo*, 4ª ed., Ed. Movimento, 1982, p. 113. Segundo o autor, as etapas da sociedade sem classes seriam três: a) a etapa da transição do capitalismo para o socialismo, denominado ditadura do proletariado, b) a etapa socialismo, cuja construção se ultima e se caracteriza pelo desaparecimento das classes sociais, c) a etapa do comunismo, que se caracteriza pela aplicação integral do princípio "de cada um segundo as suas capacidades, a cada um segundo suas necessidades".

2. Interesses coletivos e difusos

Para que o cidadão possa se opor aos atos administrativos emanados do Estado, é fundamental que tenha garantias e interesses protegidos juridicamente. Estudar-se-á, por isso, a evolução do conceito de interesse.

2.1. CONCEITUAÇÃO

2.1.1. Dicotomia clássica: interesse privado e interesse público - primário e secundário

A contraposição mais freqüente apontada refere-se à dicotomia *interesse público* (do qual é titular o Estado) e *interesse privado* (do qual é titular o cidadão). Quando se trata do *interesse público*, é necessário estabelecer a distinção proposta por Renato Alessi[37], onde esse divide-se em *primário* (o interesse do bem geral) e *secundário* (o modo pelo qual a administração visualiza o interesse público). Embora se deseje que ambos se identifiquem, muitas vezes eles não coincidem nas decisões tomadas pelos administradores. Tal é perceptível quando as medidas tomadas desagradam à comunidade e algumas vezes são modificáveis pelos governantes que os sucedem. Assim, o verdadeiro interesse é o público primário, que corresponde ao da coletividade como um todo.

---

[37] Hugo Nigro Mazzilli, *A defesa dos interesses difusos em juízo*, 7ª ed., São Paulo, Ed. Saraiva, 1995, p. 4, onde cita Renato Alessi, *in Sistema instituzionali del diritto administrativo italiano*, 1960, pp. 197-8.

2.1.2. Interesses metaindividuais: difusos, coletivos e individuais homogêneos

No tocante aos interesses metaindividuais, Mazzilli[38] destaca que foi a partir de 1974, com os trabalhos de Mauro Cappelletti, que começou a ser criticada a divisão tradicional de interesse público e interesse privado. Sobre a influência das idéias de Mauro Cappelletti na doutrina brasileira, em especial na escola paulista de processo, adiante se discorrerá. Aqui, porém, já se deixa registrada a crítica de que se tal dicotomia tem se constituído em algo que foi importante em um primeiro momento, tem reduzido a discussão sobre uma problemática que é bem mais complexa. Assim, merece ser registrada a contribuição valorosa de Ludwig Raiser[39], onde é apontada que a tradicional divisão entre direito público (que envolvia a Constituição e o aparato administrativo do Estado) e direito privado (caracterizado essencialmente por seu cunho não-político), que espelhava a distinção rígida entre sociedade e Estado, encontra-se em muito superada. Apresenta como evolução necessária do direito privado a sua publicização, e tal é o que hoje se assiste no mundo jurídico contemporâneo.

Dentre os interesses metaindividuais[40] poderíamos destacar dois grandes grupos: 1º) os *interesses difusos* (aqueles que atingem um número *indeterminável* ou dificilmente determinável de pessoas) e 2º) os *interesses*

---

[38] Mazzilli, op. cit., p. 5.

[39] Ludwig Raiser, *O futuro do direito privado*, *in* RPGE, vol. 9, Porto Alegre, 1979, pp. 11/30.

[40] No direito brasileiro, o Código de Defesa do Consumidor (Lei nº 8.078/90), no art. 81, parágrafo único, incisos I, II e III, apresenta definição dos direitos ou interesses difusos, coletivos e individuais homogêneos.
Houve, a toda evidência, falta de precisão conceitual por parte do legislador. Do que se depreende da leitura dos autores do anteprojeto, a intenção foi proteger juridicamente o maior número de situações, razão pela qual "os termos *interesses* e *direitos* foram utilizados como sinônimos;" (Kazuo Watanabe, *Código Brasileiro de Defesa do Consumidor*, Rio de Janeiro, Forense Universitária, 1991, p. 507.

coletivos (aqueles que atingem uma categoria *determiná-vel* de pessoas ou quase determinável). Os interesses *coletivos* (quando *indivisíveis*, fundados numa *mesma relação jurídica*) algumas vezes ficam próximos aos *individuais homogêneos* (quando *divisíveis*, fundados na *origem de fato em comum*), conforme conceituação proposta por Mazzilli[41].

O interesse apontado como difuso classicamente é o direito ao meio ambiente juridicamente protegido, previsto pelo artigo 225 da Constituição Federal. Aponta-se, também, o interesse na proteção do patrimônio público, do qual se ocupará o presente trabalho, como sendo um interesse difuso. Assim, o interesse em que não se dilapide o patrimônio público é um interesse de toda a comunidade, não identificável em um ou outro cidadão em particular, mas se constituindo em anseio de todos.

Nos últimos anos acentuou-se a preocupação doutrinária e legislativa de proteger estes interesses. Assim, o sistema jurídico com sua proteção clássica dividida de uma maneira dicotômica em que o particular defendia o interesse privado, e o Estado, o interesse público, encontra-se superado. Com muita propriedade já apontava Galeno Lacerda[42], nos primeiros meses de vigor da Lei de Ação Civil Pública, que se estava a inaugurar uma nova era, um novo ciclo na realização do direito. Propugnava que os conflitos do futuro diriam respeito a defender a comunidade das agressões vindas de grandes empresas (nacionais ou estrangeiras) e algumas vezes da própria administração.

Atinente à proteção dos interesses relacionados ao patrimônio público, têm-se a ação popular, a ação civil pública e mais recentemente a lei que visa a coibir a prática de atos ímprobos na administração.

---

[41] Mazzilli, op. cit. pp. 6/7.

[42] Galeno Lacerda, *Ação Civil Pública*, *in* Revista do Ministério Público, nº 19, Porto Alegre, 1986, pp. 11/33.

É importante destacar, porém, que a problemática das questões abrangendo esses interesses de âmbito coletivo não são inovação das últimas décadas de 1970 e 1980. Somente neste período é que se intensificaram as preocupações doutrinárias e legais a propósito. Assim, tratando este trabalho dessas questões é importante que se faça uma análise histórica do tema tratado.

2.2. HISTÓRICO

2.2.1. Escola processualista e as *class actions*

Freqüentemente a doutrina, conforme adiante se exporá, aponta, quando trata do histórico dos interesses coletivos e difusos, as *class actions*. É importante ressaltar que aí não se está fazendo um histórico dos interesses propriamente ditos, mas da ação, isto é, o instrumento jurídico do qual se dispõe para a defesa do interesse violado.

Benjamin[43], ao discorrer sobre o interesse difuso, estatui: "Concepção de origem essencialmente processual, mas hoje categoria unitária aplicável, praticamente, em todos os domínios do sistema jurídico, interesses ou direitos difusos são, de modo simplificado, aqueles que têm como titulares grandes parcelas de pessoas não representadas adequadamente por porta-vozes unívocos e individualizados; nebulosa a sua terminologia (...)". Assim, em que pesem os valiosos estudos que o autor tem prestado ao direito brasileiro, não usou de precisão terminológica (a expressão nebulosa está a revelar a falta de rigor de conceituação), já que não fez a distinção entre direito e interesse e confundiu o histórico do direito material com o processual.

---

[43] Antônio Hermann V. Benjamin, A insurreição da aldeia global, *in Ação Civil Pública (Lei nº 7.347/85 - Reminiscências e Reflexões após dez anos de aplicação*, Coordenação Édis Milaré, São Paulo, RT, 1995, p. 92.

Ada Pellegrini Grinover[44] discorre a respeito das necessidades coletivas e a solução conferida em países como a Suécia, Inglaterra e Estados Unidos da América. Após, conclui, louvando-se nos trabalhos de Cappelletti, que "onde a tutela dos interesses difusos se torna mais relevante é no plano processual. (...) o próprio processo se apresenta em um novo enfoque, desafiando a argúcia e criatividade do processualista". Inegavelmente, o estudo do direito processual é necessário como forma de assegurar direitos ou interesses. Entende-se a posição defendida pela Profª. Ada, que é estudiosa do direito processual, com reconhecimento em todo o país. É necessário, porém, que dentro dos outros ramos do direito também se proceda a criteriosa investigação sobre as origens e evolução dos interesses coletivos.

Cappelletti[45] aponta a diferença fundamental entre as *relactor actions* e as *class actions*. A primeira tem uso freqüente na Inglaterra e na Austrália e nos outros países de *common law*, com exceção dos Estados Unidos. Representa a combinação entre o controle público e a iniciativa privada. Existe um grande número de possibilidades para que o *attorney general*[46] - uma espécie de jurista empregado pelo governo[47] - possa iniciar ou

---

[44] Ada Pellegrini Grinover, *Novas tendências na tutela jurisdicional dos interesses difusos*, AJURIS 31/80.

[45] Mauro Cappelletti, *in Revista de Processo* nº 5, jan-mar/77, pp. 128/59.

[46] John Anthony Simon procede a considerações sobre o Ministério Público norte-americano, o qual é denominado de *Attorney General's Office*. O Procurador-Geral da República é denominado de *The United States Attorney General*, sendo o chefe do Departamento de Justiça, que funciona em Washington D.C., incumbindo-lhe a chefia dos chamados "United States Attorneys", que desempenham suas funções nos 94 Distritos Federais Judiciais em que o país se divide. Dentre as atribuições do Departamento da Justiça está a propositura de ações civis de grande relevo contra os órgãos governamentais dos Estados, Condados, Distritos e Municípios, "in", RT , vol. 640, p.7, fev./89.

[47] René David, *Os grandes sistemas do direito contemporâneo*, São Paulo, Martins Fontes, 1986, p. 380, "O *attorney general* dos Estados Unidos é na realidade um ministro da justiça e só tem em comum o nome com o *attorney general* inglês, que é um jurista empregado pelo governo. Ele está à frente de um verdadeiro ministério público; cada tribunal federal possui um *U S.*

intervir nos processos civis, nos quais é reconhecido um *public interest*. A atuação do *attorney general* é tímida se comparado a outros países de *civil law*, onde há a atuação do Ministério Público, como, por exemplo, a Itália e a França. Admite-se que um indivíduo ou uma instituição privada, na inércia do *attorney general*, possam agir em nome (já que carecem de legitimação para agir em nome próprio), com autorização e controle desse. Os casos mais freqüentes de atuação têm sido na área da saúde e das construções abusivas. Os efeitos jurídicos que daí advém são em benefício de toda a coletividade, e não apenas do *relator suitor*.

As *class actions* têm grande importância no Estados Unidos e desenvolveram-se muito nos últimos tempos devido aos conflitos de massa. Diferentemente do que ocorre nas *relator actions*, não há necessidade de que o autor da *class action* (*class suitor*) tenha uma autorização do *attorney general* ou de qualquer outro órgão oficial. Os controles existem, mas são desempenhados diretamente pelo juiz, a quem incumbe verificar se o autor é membro de uma classe de pessoas cujo interesse é levado a juízo e se age no interesse dessa, constituindo-se um adequado representante, embora não tenha legitimação formal. Constituem-se em exemplos de demandas propostas: ações de classe contra discriminações raciais, meio ambiente, consumidores etc.

A *class action* possui uma amplitude muito grande no direito norte-americano. A regra do artigo 23 do Procedimento judicial civil federal estaui que uma ação pode se tornar *class action* quando o juiz verificar que ela possui conteúdo coletivo[48]. Esse dispositivo possibilita

---

attorney que intervém sobretudo como *amicus curiae* em todos os processos em que se discute a constitucionalidade de uma lei federal".

[48] *"Rule 23. Class Actions (...). (4)When appropriate(A)an action may be brought or maintained as a class action with respect to particular issues, (...) and the provisions of this rule shall then be construed and applied accordingly"*, in Federal Civil Judicial Procedure and Rules, revised edition, St. Paul, West Publishing Company, 1991, p. 62.

que uma ação proposta pelo particular possa ser estendida a toda uma comunidade, uma vez reconhecido o interesse desta.

Neste sentido, também Galeno Lacerda[49], ao mencionar que: "Cappelletti registra que foi no qüinqüênio de 65 a 70 que surgiu todo esse surto nos E.U.A., de tutela desses interesses, e lá se difundiu também essa notável ação de classe, ou *class action*, através da qual qualquer um do povo pode tutelar interesses coletivos."

Da mesma forma, Mazzilli[50], ao asseverar a importância da doutrina de Cappelletti na seara dos interesses metaindividuais, e, também, Rodolfo de Camargo Mancuso[51], ao discorrer sobre interesses difusos, destacam a importância do anteriormente citado doutrinador italiano.

Ao se apontar as *class actions* como origem dos interesses coletivos, no direito brasileiro, possivelmente se deva ao fato de que grande parte das obras escritas sobre o assunto dos direitos coletivos esteja na área processual. O desenvolvimento expressivo da matéria ocorreu na década de 80, quando começaram as discussões a respeito da ação civil pública, que veio a dar ensejo à elaboração da Lei nº 7.347/85.

Ressalta-se o I Ciclo de Debates sobre a ação civil pública, realizado no período de 17 a 19 de outubro de 1985, promovido pela Associação do Ministério Público do Rio Grande do Sul, Instituto dos Advogados do Rio Grande do Sul e Fundação Escola Superior do Ministério Público, onde foram realizadas diversas conferências a respeito da matéria[52].

---

[49] Galeno Lacerda, op. cit., p. 18.

[50] Mazzilli, op. cit., p. 5.

[51] Rodolfo de Camargo Mancuso, *in Revista de Processo* nº 55, ano 14, jul/set de 1989, p. 165.

[52] Ação Civil Pública (Tutela dos interesses difusos), *Revista do Ministério Público do RS*, Porto Alegre, Ed. Especial, nº 19, 1986.

A importância de renomados processualistas na elaboração do Código de Defesa do Consumidor e, anteriormente, na Lei da Ação Civil Pública, deixa inconteste a contribuição valorosa e pioneira que eles deram ao direito brasileiro em matéria dos interesses coletivos e difusos. Porém, é necessário que a investigação ocorra em outros ramos do direito. Assim, fazendo-se um estudo mais detalhado, encontram-se ações, já no direito romano, no período das *gens*[53], que tinham por escopo a proteção da coletividade, e não somente a do indivíduo.

2.2.2. Interesses coletivos e proteção no Direito Romano

J. M. Othon Sidou[54], ao tratar da origem e evolução da tutela judicial dos direitos coletivos, aponta como fonte o direito romano. Louva-se o referido autor na seguinte passagem de Ulpiano, Livro 71 *ad Edictium*, onde se lê "*Haec verba quem liberum, ad omnem liberum pertinent: sive pubes sit, sive impubes; sive masculus, sive foemina; sive unus, sive plures; sive sui iuris sit, sive alieni; hoc enim tantum spectamus, an liber sit* (D., 43.29.3,1). Aí se lê pois que estas palavras *quem liberum* se referem a todo homem livre, púbere ou impúbere, varão ou mulher, um ou muitos, que esteja ou não sujeito ao poder alheio; porque só divisamos a condição de ser livre". Salienta o autor que na expressão *sive unus, sive plures* já está delineada a idéia de que a liberdade do homem é um bem coletivo, partilhado por todos aqueles que não fossem escravos, isto é, que fossem sujeitos de direitos.

[53] Rudolf Von Ihering, *O Espírito do Direito Romano*, vol. I, Rio de Janeiro, Alba, 1943, p. 150.

[54] J. M. Othon Sidou, *As garantias ativas dos direitos coletivos: Habeas Corpus, Ação Popular, e Mandado de Segurança*, Rio de Janeiro, Forense, 1977, pp. 107 e segs.

E, ainda, que os interditos na época de Ulpiano e até antes com Cícero já reconheciam direitos que seriam explicitados posteriormente, através da Magna Carta.

2.2.2.1. Habeas corpus

O *habeas corpus*, em sua origem, como instrumento de liberação (*ad subjiciendum*) está no interdito romano - proteção da liberdade corpórea. O Digesto consigna que "o homem livre não se deve reter por tempo algum por dolo" (D. 43, 29, 4,2).

Fazendo um paralelo entre a Magna Carta e o direito romano, tem-se que nela há uma promessa subjetiva de direitos, enquanto no sistema romano já havia a *actio* para amparar o direito, pois a *actio* é que determinava o *jus*, e o direito formal antecedia o substancial, havendo garantia do direito ou o meio eficaz para efetivá-lo. A Magna Carta data de 1215, enquanto a efetividade para o exercício do direito por meio da propositura da ação somente viria a ocorrer em 1679, através do *habeas corpus Act*. Inobstante, existem anteriormente à Magna Carta outras tentativas de limitar o poder governamental, como, por exemplo: os forais aragonenses (do reino de Aragão, na Espanha, e que se constituíam em verdadeiros códigos públicos internos no século X), onde se encontravam direitos não somente declarados, mas também garantidos.

Na época em que foi elaborada a Magna Carta, não foi oferecida a garantia dos *writs* saxônicos, que já eram conhecidos. A proteção da liberdade somente atingiu sua plenitude quando, em 1816, o ato parlamentar, na época de Jorge III, ampliou o campo de aplicação do *habeas corpus*, admitindo-o *contra prisão de qualquer origem*.

Na América, o *habeas corpus* foi introduzido bem antes da denominada "Declaração dos Direitos da Virgínia", firmada pelos representantes do povo reunidos em Williamsburg, em 1776.

Na América Latina, principalmente nos países de tradição hispânica, a tendência foi a recepção do amparo existente no México - *juicio de amparo* - consagrado na Constituição de 1840.

No direito português, o interdito *de liberis exhibendis* teve origem no direito romano Justinianeu e aportou para o direito das Ordenações (Livro V). Por outro lado, o direito português conheceu figuras próprias e importantes, denominadas: Carta de Segurança Real, de Seguro e Tuitiva (desdobramento da segunda, em sentido processual). A Carta de Seguro evoluiu do caráter particular primitivo para o caráter público: na jurisdição, primeiro, e na legislação , por último.

No Brasil, devido à influência dos interditos romanos, havia na Constituição Imperial de 1824, em seu artigo 179, inciso VIII, o princípio de que "ninguém poderá ser preso sem culpa formada". Posteriormente, por meio da Constituição Republicana de 1891, no artigo 72, § 22, foi expressamente consagrado o *habeas corpus* e, desde então, incorporou-se a todas as constituições que a seguiram[55].

Pode-se concluir que o *habeas corpus* tem fonte no interdito exibitório romano. A Magna Carta teve a seu favor o fato de se constituir em importante marco que concedia direitos, sendo que o fato de não conter disposições assecuratórias foi suprida através das garantias aragonenses. A proteção à liberdade constitui-se em importante marco no desenvolvimento dos direitos coletivos, já que a mesma é inerente ao ser humano e extrapola a esfera individual, pertencendo a todas as

---

[55] Campanhole, op. cit. Assim, na Constituição de 1934, artigo 113, nº 23, Constituição de 1937, artigo 122, nº 16, Constituição de 1946, artigo 141,§ 23, Constituição de 1967, com a E. C. nº 1/69, artigo 150, § 20 e Constituição de 1988, artigo 5º, inciso LXVIII.

pessoas integrantes dos Estados Constitucionais Contemporâneos.

2.2.2.2. *Actio Popularis*

No direito romano, a *actio* surgiu para efeito de tutelar apenas o interesse privado. Excepcionalmente, porém, era permitido agir *nomine alieno*, isto é, causas a respeito das quais o sentido individualista predominante cedia lugar ao direito como emanação social.

Foi exatamente para ensejar agir *pro populo* que o direito romano, ainda na fase anteclássica de seu procedimento, concebeu a ação popular, isto é, aquela em que não há a defesa de um direito individualmente caracterizado, mas própria da coletividade. Isto significa, utilizando-se a classificação referida por José Carlos Moreira Alves[56], que no primeiro período das origens de Roma - 754 a.C. - até a queda da realeza em 510 a.C. já se tem delineada a *actio popularis*. As ações populares encontram-se no Digesto (D. 47, 23,1) e significam aquelas ações em que o indivíduo quando as exerce não é considerado como titular particular de um direito, e sim como participante de um interesse público e defensor do mesmo.

Através da *actio popularis* o cidadão agia em nome próprio e por conta da cidade. As ações populares colimavam genericamente fazer respeitar um direito comunitário atacado por ato ilícito, erguendo-se em proveito da coletividade, da qual, como um de seus componentes, se beneficiava, também, o autor popular.

---

[56] José Carlos Moreira Alves, *Direito Romano*, vol. I, 10ª ed., Rio de Janeiro, Forense, 1995, p. 1. Assim: o 1º) período real (vai das origens de Roma à queda da realeza em 510 a.C.), o 2º) período republicano (de 10 a 27 a.C., quando o Senado investe Otaviano - o futuro Augusto - no poder supremo com a denominação de *princips*), o 3º) período do principado (de 27 a.C. a 285 d.C., com o início do dominato por Diocleciano), 4º) período do dominato (de 285 a 565 d.C., data em que morre Justiniano).

Sidou[57] destaca que a *actio popularis* tinha um caráter mais amplo (defendia aquedutos, caminhos públicos, proibia a obstaculização da navegação, dos espaços públicos - quando estes eram invadidos por construções particulares -, agia contra os que depositassem imundícies ou colocassem cadáveres em locais não permitidos, contra os que praticassem usura etc.) do que os bens jurídicos hoje tutelados por meio da ação popular. Nas palavras de Seabra Fagundes[58], sempre que estivesse envolvida a coisa pública, a ação a ser interposta seria popular, quer figurasse o autor como sujeito de um direito subjetivo, quer fosse mero agente da coletividade na defesa de um interesse de todos.

A tutela dos interesses da coletividade, no direito romano, era confiada a qualquer um do povo, desde que possuísse o *status* de cidadão romano. As mulheres e os impúberes não tinham capacidade para intentá-las.

Assinala Ihering[59] que a ação popular foi concedida ao povo para assegurar a fiscalização das coisas públicas quando houvesse uma lesão aos bens da comunidade. Com muita habilidade, assevera Ihering que, no período em que se desenvolvera a ação popular, ainda não se conhecia a noção de Estado tal qual hoje ocorre. Quando foi criada, a ação popular era algo completamente diverso e, posteriormente, com o surgimento da idéia de Estado e a permanência da ação popular é que ela adquiriu a sua maior amplitude.

Na expressão de Ihering[60] "a gens é uma família em ponto grande e um Estado em ponto pequeno". Assim, "a gens é a identificação da família com o Estado, isto é, uma família com caráter político, ou uma sociedade política com caráter familiar". A gens congrega os três

[57] Othon Sidou, op. cit., pp. 429/30.

[58] M. Seabra Fagundes, Da Ação Popular, *Revista de Direito Administratvio*, vol. 6, out. 1946, p. 2.

[59] Rudolf Von Ihering, op. cit., pp. 137 e segs.

[60] Ihering, op. cit. pp. 138 e segs.

interesses básicos: político, religioso e militar. A criação da *actio popularis* é plenamente justificável, visto que *os bens da gens pertencem conjuntamente a todos os gentilícios*. Desta forma, o direito de propriedade, por ser exclusivo, não pertencia a ninguém em particular, pois era indiviso e inalienável e ligado à qualidade de membro da coletividade. As ações populares, seguindo essa orientação, estão destinadas a proteger essa relação especial de comunidade indivisível do direito. Cada membro individualmente poderá intentar a ação. Quem intenta a ação defende o seu próprio direito e simultaneamente o interesse da coletividade, pois a todos aproveita. A idéia de que o cidadão tinha de ter um interesse pessoal desenvolveu-se com o tempo, por meio dos pretores que a estenderam a outros dois aspectos, conforme assinala José Afonso da Silva[61]. Em primeiro lugar, autorizava os particulares a agirem mesmo nas hipóteses em que não tinham qualquer interesse pessoal, e, em segundo, substituiu os interditos por meios mais diretos, as *actionem in factum*.

As relações entre o Estado e o indivíduo eram profundamente diversas das de nossos dias. Ihering[62] destaca:

1º) entre o Estado e os cidadãos há a mesma relação que existe entre a *gens* e os *gentiles*. O Estado não é uma entidade estranha e superior aos cidadãos, já que eles são o próprio Estado. Nesta conjuntura, *Estado e povo são equivalentes*.

2º) Os direitos privados e os direitos públicos não se distinguem entre si pela diversidade de seus sujeitos; o sujeito para os dois é a pessoa natural, não havendo entre eles mais do que uma só distinção, a de que os direitos privados se relacionam exclusivamente com o particular, enquanto todos participam dos direitos pú-

---

[61] José Afonso da Silva, *Ação Popular*, Ed. RT, São Paulo, 1968, pp. 11 e segs.

[62] Ihering, op. cit., pp. 155 e segs, grifos nossos.

blicos. Neste sentido, *res publica*, como personalidade do Estado da época posterior, não indica, originariamente, senão o que é *comum a todos*.

Se os indivíduos isoladamente devem ser considerados como sujeitos dos direitos públicos, se os interesses gerais não são outra coisa que os interesses de todos e, por conseqüência, também o de cada um, conclui-se que cada qual tem o dever e o direito de defender esses interesses e de impedir sua violação, ou se esta já existe, exigir a satisfação devida, do mesmo modo que para seus interesses privados.

A idéia de que os cidadãos, e não o Estado, são sujeitos dos direitos públicos reflete-se claramente na *actio popularis*, que *pode ser intentada por qualquer indivíduo como simples cidadão*.

Quanto aos demais itens (3 a 5) propostos por Ihering, deixa-se de abordá-los, já que não são tão atinentes ao tema tratado.

Louva-se, também, no trabalho realizado por Ihering a respeito da *actio popularis* romana, Rafael Bielsa[63].

Do exposto, pode-se resumir que, quando surgiram as ações populares, o interesse público não se distinguia do privado. Quando o autor popular agia em prol do interesse geral, agia, também, em favor do seu interesse.

2.2.3. Ação popular e direito medieval

Durante o período medieval, obviamente não se ofereceu ao indivíduo o meio de defender as coisas públicas como se fossem suas, nem um meio de conscientizá-lo das questões de cidadania enquanto membro participante do Estado. Citando as palavras de Nélson

---

[63] Rafael Bielsa, A ação popular e o poder discricionário da administração, *in Revista Forense*, vol nº 157, jan/fev, 1955, p. 37.

Carneiro[64]: "A Idade Média não cultivou as ações populares, flores exóticas nos regimes absolutistas". O Estado Absolutista fez com que houvesse a separação do Estado (como sujeito ativo) e dos súditos (como objeto passivo). Estabelece-se então a separação entre a vida pública e a privada, já tratada neste trabalho. A seara pública fica limitada ao Estado, e a privada desenvolve-se completamente à margem das relações estatais.

Somente com o retorno ao sistema de participação do povo na vida pública é que veio à tona o instrumento democrático, que é a ação popular.

2.2.4. Ação Popular e Estado Liberal

O ressurgimento da ação popular vai coincidir com o Estado Liberal. Ocorrerá, então, na Bélgica, através da lei comunal de 30/3/1836; na França, a partir da lei comunal de 18/7/1837; e na Itália, através da legislação eleitoral de 26/10/1859[65].

2.2.5. Ação Popular nas Constituições Brasileiras

No Brasil, a Constituição de 1824[66] previa a possibilidade da interposição de ação popular, dentro do capítulo do Poder Judiciário, assim:

"Art. 157 - Por suborno, peita, peculato e concussão haverá contra elles *acção popular*, que poderá ser intentada dentro de anno, e dia pelo proprio queixoso, ou por qualquer do Povo, guardada a ordem do Processo estabelecido na Lei."

---

[64] Nelson Carneiro, Das Ações Populares Civis, *Revista de Direito Administrativo*, vol. 25, Rio de Janeiro, 1955, p. 477.

[65] José Afonso da Silva, op. cit. pp. 25 e segs.

[66] Campanhole, op. cit., p. 671.

Da mesma forma, o artigo 179, inciso XXX, dentro dos direitos e garantias, dispunha forma de controle do cidadão com relação às autoridades públicas:

"Art. 179 - (...)
XXX - Todo o cidadão poderá apresentar por escripto ao Poder Legislativo, e ao Executivo reclamações, queixas ou petições, e até expor qualquer infracção da Constituição, requerendo perante a competente Auctoridade a effectiva responsabilidade dos infratores."

A primeira Constituição da República omitiu qualquer referência à ação popular, sendo que somente se irá encontrá-la na Carta de 1934 onde no artigo 113, inciso 38, dentro do capítulo dos direitos e garantias individuais, está expresso:

"Art. 113. (...)
§ 38 - Qualquer cidadão será parte legítima para pleitear a declaração de nullidade ou anullação dos actos lesivos do patrimônio da União, dos Estados ou dos Municipios."

A Constituição de 1937, com seu cunho autoritário, não dispôs a respeito da ação popular.

A ação popular ressurge na vida jurídica nacional com a Carta Democrática de 1946, contendo a seguinte redação:

"Art. 141. (...)
§ 38 - Qualquer cidadão será parte legítima para pleitear a anulação ou a declaração de nulidade atos lesivos do patrimônio da União, dos Estados, dos Municípios, das entidades autárquicas e das sociedades de economia mista."

A Constituição posterior, através da Constituição de 1967 e da Emenda Constitucional nº 1/69, reformulou a redação com o propósito de retirar a polêmica suscitada. Neste sentido, Hely Lopes Meirelles[67] ensina: "Não se exige a ilicitude do ato na sua origem, mas sim a ilegalidade na sua formação ou no seu objeto, razão pela qual a Constituição de 1967 e a Emenda 1/69 abandonaram a defeituosa redação de 1946, que se referia a 'a anulação ou a declaração de nulidade de atos lesivos', para agora aludir, corretamente, a ação que vise anular atos lesivos (artigo 153, § 31)."

Assim dispunha o regramento Constitucional de 1969, quando tratava dos direitos e garantias fundamentais:

"Artigo 153. (...)
§ 31 - Qualquer cidadão será parte legítima para ação popular que vise anular atos lesivos ao patrimônio público de entidades públicas."

É importante destacar que, posteriormente à Constituição de 1946, foi promulgada a Lei nº 4.717/65, que conseqüentemente sofreu alterações com a edição do próximo Texto Constitucional, tendo que com ele se coadunar.

A Constituição de 1988 veio a ampliar a disciplina jurídica sobre a ação popular, desta forma:

"Art. 5º. (...)
LXXIII - qualquer cidadão é parte legítima para propor ação popular que vise a anular ato lesivo ao patrimônio público ou de entidade de que o Estado participe, à moralidade administrativa, ao meio ambiente e ao patrimônio histórico e cultural, ficando o autor, salvo comprovada má-fé, isento de custas judiciais e do ônus da sucumbência;"

Quanto à efetividade da ação popular a partir de 1988, tratar-se-á no tópico II deste trabalho através da análise jurisprudencial.

---

[67] Hely Lopes Meirelles, *Mandado de Segurança, Ação Popular e Ação Civil Pública*, 11ª ed. São Paulo, Ed. Revista dos Tribunais, 1987, p. 84.

2.2.6. Ação popular no Direito romano e no Direito brasileiro e as tendências da ação

A ação popular no direito romano notadamente tinha uma amplitude muito maior do sentido hoje emprestado à ação popular no direito brasileiro, em que se restringe à defesa do patrimônio público. Pode-se afirmar que a *actio popular* do direito romano deu origem à ação popular no direito brasileiro e, posteriormente, deu surgimento à ação civil pública, com um espectro muito mais amplo de interesses defendidos. O Ministério Público legitimado para propositura da ação civil pública, tendo em vista que é o representante da sociedade, e não apenas o cidadão, tal qual hoje se dá na ação popular. E, ainda, as provas que na ação popular somente podem ser colhidas em juízo, dificultando a vida do proponente, que muitas vezes não tem conhecimento do funcionamento da máquina estatal, enquanto na ação civil pública se dispõe do inquérito civil, que permite a ampla coleta de prova.

Assim, apesar do desvirtuamento da ação popular utilizada como meio de oposição política de uma Administração a outra, o que exige do Judiciário redobrada prudência no seu julgamento, para que não a transforme em um instrumento de vindicta partidária, já salientado com muita propriedade por Hely Lopes Meirelles[68], seu cunho democrático é inegável. Não se pode fechar esta porta da ação popular no sentido de permitir que o cidadão exerça diretamente o controle sobre os atos da administração.

---

[68] Hely Lopes Meirelles, op. cit., p. 83.

3. Direitos Públicos Subjetivos

3.1. DIREITOS PÚBLICOS SUBJETIVOS E CONSTITUIÇÃO

Rafael Bielsa[69], ao examinar a questão do direito subjetivo e o fundamento constitucional, estatui que eles são necessários para limitar o poder do Estado. Neste contexto, a potestade do Estado sofreu limitação tanto na esfera política como jurídica, em benefício dos cidadãos e administrados, ao estabelecer sistemas ou formas de governo como a república, ao reconhecer-se certos direitos naturais e, portanto, inatos ao sujeito, chamados por isto de direitos subjetivos. O reconhecimento destes direitos afirmou-se com a instituição de *garantias* protetoras aos mesmos; porém, não são só garantias políticas, mas jurídicas. Isto é necessário, pois algumas vezes é o próprio Estado que causa lesão aos direitos subjetivos.

Os direitos e as garantias individuais se *estabelecem* ou se *reconhecem* na Constituição e se instituem e se regram nas leis que são sancionadas em virtude do texto constitucional.

Os direitos subjetivos impõem um limite à potestade do Estado. Esta é a maior afirmação do direito subjetivo, própria do Estado Democrático Liberal.

Windscheid e Ihering constituem-se nos primeiros autores a definir o direito subjetivo, segundo Themistocles

---

[69] Rafael Bielsa, *Derecho Constitucional*, 2ª ed., Depalma, Buenos Aires, 1954, p. 11.

Brandão Cavalcanti[70]. Para Windscheid, o direito subjetivo é um poder, uma manifestação de vontade, concedido pela ordem jurídica. Pressupõe, portanto, a existência da capacidade de querer, uma formação ativa de intervir na relação jurídica, em que o elemento predominante é a *vontade*. Enquanto para Ihering, o *interesse*, e não a vontade, é que constitui o *substractum* do direito e, assim, o direito subjetivo seria um interesse juridicamente protegido, ou seja, um interesse protegido por uma ação, um meio coercitivo.

Bielsa analisa a posição de Ihering[71], segundo o qual *o direito subjetivo é um interesse juridicamente protegido*. Dentro do desmembramento desse conceito, *interesse* é posto com relação à determinada situação protegida pelo direito e *juridicamente* significa dentro dos limites da lei, isto é, protegido pelo direito objetivo.

Assim, parece mais compatível a doutrina de Ihering, onde o interesse aparece protegido pelo Estado.

3.2. FASES DE PROTEÇÃO DAS LIBERDADES E DOS DIREITOS NA CONSTITUIÇÃO

Podem assinalar-se as seguintes fases da evolução dos direitos, segundo Rafael Bielsa[72]:

a) Os direitos fundamentais de liberdade individual, concebidos segundo a doutrina de direito natural, são preexistentes ao Estado: desta forma, os direitos deste não são oponíveis ao indivíduo.

b) Os cidadãos ao estabelecerem um pacto renunciam parte de sua liberdade, em favor da segurança que lhes concede o Estado. Há uma relativa submissão do

---

[70] Themistocles Brandão Cavalcanti, *Do mandado de segurança*, 5ª ed. Livraria Freitas Bastos, 1966, p. 73.

[71] Bielsa, op. cit., p. 11.

[72] Rafael Bielsa, *Estudios de Derecho Público I, Derecho Administrativo*, Buenos Aires, Depalma, 1950, pp. 226 e segs.

status libertatis à seguridade jurídica. O *status subjectionis* é, pois, corolário lógico do sistema, como explicou Jellinek[73] em sua obra *Sistema dos direitos públicos subjetivos*.

c) Quando o Estado exerceu um poder absoluto, tendeu a reduzir progressivamente os direitos próprios do indivíduo para aumentar os do governo.

d) Frente ao Estado absoluto, quase não há direitos subjetivos.

Assim, na Revolução Francesa, por meio da Declaração dos direitos do homem e do cidadão, proclamou-se que o início de toda associação política é a conservação dos direitos naturais e imprescritíveis do homem. Os direitos são a liberdade, a propriedade, a segurança e a resistência à opressão, conforme o artigo 2º da referida Declaração. Jellinek[74] asseverou que, não obstante as críticas que se possa fazer à declaração, elas são a *base do direito público subjetivo*.

Neste contexto, extrai-se do pensamento de Rafael Bielsa[75] que os direitos públicos subjetivos são aqueles que as pessoas possuem, consideradas individual ou coletivamente, e protegidos por meios jurídicos, ou, mais precisamente, pela via jurisdicional. Relaciona-se a idéia de respeito aos poderes e aos órgãos do Estado. O exercício destes direitos se funda na Constituição e nas leis que, ao estabelecê-los ou reconhecê-los, também podem limitá-los, porém sem desnaturar nem afetar sua essência.

No entendimento de Cretella Júnior[76], o ato administrativo lesivo de direitos outorga ao lesado o direito subjetivo público de ir a juízo e exigir do Estado o cumprimento de uma prestação que lhe devolva a situação ocupada antes da edição do ato.

---

[73] Jellinek *apud* Bielsa, op. cit., p. 226.

[74] Bielsa, op. cit., p. 226.

[75] Bielsa, *Derecho Constitucional*, op. cit., p. 207.

[76] Cretella Jr., José, *Do Mandado de Segurança*, São Paulo, Bushatsky, Ed. Universidade de São Paulo, 1974, p. 43.

A propósito da doutrina sobre direitos públicos subjetivos, far-se-á a análise nos direitos norte-americano, francês, alemão, italiano e brasileiro, verificando-se as suas semelhanças e diferenças.

3.3. DIREITO NORTE-AMERICANO

A respeito da formação dos interesses coletivos no direito norte-americano, Bernard Schwartz[77] estabelece que a questão surgiu a partir de delimitar quem teria direito a comparecer como parte interessada perante o Departamento Público. Havia o entendimento de que os órgãos administrativos tivessem discricionariedade sobre a intervenção dos indivíduos.

3.3.1. Parte óbvia

A necessidade de ampliar a participação nas audiências administrativas levou as cortes a adotarem uma resposta mais abrangente a respeito de quem é parte interessada. Parte-se do conceito de *parte óbvia* - aquele que é atingido diretamente pelo ato administrativo, quem terá de fazer ou não determinada coisa, o candidato à licença ou concessão, a companhia cujas tarifas ou práticas estão sendo controladas.

3.3.2. Parte interessada

Tem havido uma ampliação progressiva do conceito de parte interessada e de parte óbvia para o dos concorrentes e consumidores. As decisões não têm sido

---

[77] Bernard Schwartz, *Administrative Law*, Boston, Little, Brown and Company, Law Book Division, 1976, p. 263.

uniformes, mas a tendência é ampliar a participação da parte interessada.

Esse desenvolvimento do interesse pode ser ilustrado pelo caso da *Federal Communications Commission* - FCC[78], onde foi apreciada a problemática dos transmissores de rádio e televisão. Há o direito legal a uma audiência nesses procedimentos da FCC. Aos requerentes é dado o direito a uma audiência antes de seus pedidos serem negados, e os licenciados têm direito similar antes de suas licenças serem retiradas ou modificadas. Os casos da FCC firmaram desde cedo o conceito de que *parte interessada* não é unicamente a parte óbvia. A situação mais característica ocorreu no caso de KOA[79], em que a comissão concedeu autorização a uma estação de rádio para operar na mesma freqüência de outra concorrente. Haveria interferência elétrica da segunda estação sobre a primeira. Por isso, esta tinha o direito de intervir antes da decisão administrativa ser tomada. A intervenção que se justificava a partir da interferência elétrica também se ampliou ao *dano econômico*. Assim, o operador da estação de rádio tem o direito de ser ouvido antes de a licença ser concedida para outra estação, ainda que não haja interferência elétrica. O atual licenciado suporta dano econômico direto em sua competição com a nova estação por perda da renda publicitária. Desta forma, a noção de parte interessada foi construída para permitir a participação nos procedimentos administrativos de todos aqueles seriamente afetados.

3.3.3. Consumidor

Mais difícil foi a outorga de direito aos ouvintes e telespectadores, que foram protegidos no direito norte-

---

[78] "FCC , 326 US 327, 330 (1946)", *in* Bernard Schwartz, op. cit., p. 265.

[79] "FCC v. National Broadcasting Co. (KOA), 319 US 239 (1943)", *in* Schwartz, op. cit., p. 265.

americano pela noção de *consumidor*. Inicialmente, havia o entendimento de que o Departamento seria o representante do interesse público. Nesses casos, a Suprema Corte[80] entendia que havia unicamente duas partes necessárias: o departamento e a companhia que está sendo afetada.

Importante foi a questão levantada pelo *Chief Justice* Burger[81], onde questionou se o Departamento sempre poderia representar o interesse dos consumidores. *O caso*[82], onde essa declaração foi feita, *é um marco no movimento para reconhecer o consumidor como parte interessada nos procedimentos administrativos.* Havia uma ordem da FCC renovando uma licença de televisão sem audiência. Os apelantes eram indivíduos e organizações representando aproximadamente metade dos telespectadores. Eles se opuseram à renovação e pediram para intervir como representantes da audiência cível. A FCC negou o requerimento, sob o argumento de que os apelantes não demonstraram interesse ou ofensa a direito para fazê-los parte interessada. A Corte havia admitido anteriormente, naqueles casos, a intervenção da empresa que alegava interferência elétrica ou ofensa econômica. O Juiz Burger, porém, afirmou que o conceito de parte interessada não está limitado a essas categorias. *Não poderia o interesse do concorrente ser protegido e desrespeitar-se o interesse do consumidor.* Tal implicaria conceder à empresa o direito de intervir, por competir com a outra estação de televisão, mas negá-lo ao público ouvinte, que está mais diretamente interessado na programação.

---

[80] "Smith v. Illinois Bell Tel. Co., 270 U.S. 587, 592 (1926); New York Cit v. New York Tel. Co., 261 U.S. 312, 316 (1923), Schwartz, op. cit., p. 266, grifos nossos.

[81] "Office of Communication v. FCC, 359 F. 2d 994, 1003 (D.C. Cir. 1966)", *in* Schwartz, op. cit., p. 266.

[82] "359 F.2d 994 (D.C. Cir. 1966)", *in* Schwartz, op. cit., p. 266.

A *Office of Communication*[83] enfaticamente considerou o consumidor como parte interessada nos casos em que é afetado o produto consumido, mesmo naqueles relacionados com a qualidade e o preço. Somente o consumidor pode estar interessado com a deterioração na qualidade e, como tal, tem de ser ouvido. Essa decisão teve longo alcance em outros casos. Assim, o conceito de consumidor foi estendido até mesmo às questões ecológicas de meio ambiente que afetam os cidadãos, concedendo-lhes o direito a participarem no procedimento administrativo que ocorre no Departamento.

A evolução do conceito de consumidor fez com que hoje não fosse mais correto referir discricionariedade no departamento para permitir ou não a participação dos indivíduos nos procedimentos. O direito de ser ouvido não pode mais ser limitado a partir da parte óbvia. O concorrente e o consumidor devem ser considerados partes interessadas em casos que afetem seus interesses. Eles têm o direito de participar no procedimento administrativo, podendo pedir, inclusive, a unificação de petições com o objetivo de evitar multiplicidade de demandas semelhantes.

A possibilidade do controle realizado pelos interessados foi firmado por uma Corte Federal de Apelação.[84] Assim: as audiências deverão ser promovidas, não se excluindo partes que têm o direito de participar, mas controlando os procedimentos para que todas as partes atentem ao tema e não introduzam depoimentos irrelevantes.

---

[83] "Compare National Welfare Rights Organization v. Finch, 429 F. 2d 725 (D.C. Cir. 1970)", *in* Schwartz, op. cit., p. 267.

[84] "Virginia Petroleum Jobbers Assn. v. Federal Power Commn. F.2d 364, 368 (D.C. Cir. 1959). See Recommendation 71-6 of the Administrative Conferance, 2 Recommendations & Reports 35 (1970-1972) tended to encourage greater participation by intervenors in agency", *in* Schwartz, op. cit., p. 268.

Percebe-se, assim, que no direito norte-americano a proteção dos interesses coletivos e difusos desenvolveu-se a partir da noção de consumidor, que abrange um espectro de proteção mais amplo do que a estrita relação de consumo propriamente dita.

3.4. DIREITO FRANCÊS

A respeito do controle da administração, existem dois sistemas: o da unidade e o da dualidade da jurisdição.

O sistema da unidade ou o da dualidade jurisdicional justifica-se com base no Princípio da Separação de Poderes.

A origem histórica dessa interpretação encontra-se na desconfiança que os legisladores da Revolução Francesa tinham para com o Poder Judiciário, pois este tinha se mostrado resistente às conquistas populares.

Waline[85] assevera que a Lei n° 16, de 24 de agosto de 1790, dispunha sobre a organização judiciária e proclamava a separação das funções administrativas e judiciárias, que foi reafirmada com o curso da Revolução Francesa. Houve proibição legal expressa aos juízes, do conhecimento da matéria administrativa.

As reclamações referentes à matéria administrativa não poderiam ser, em nenhum dos casos, encaminhadas aos tribunais. Deveriam ser submetidas ao rei, chefe da administração geral, conforme André de Laubadère[86].

Por contencioso administrativo, segundo a definição de Hauriou[87], entende-se o conjunto de regras relati-

---

[85] Marcel Waline, *Traité Élémentaire de Droit Administratif*, 6e édition, Recueil Sirey, Paris, 1952, p.45.

[86] A referência à Lei n° 7, de 14 de outubro de 1790, com a transcrição do texto, é feita por André de Laubadère, Jean-Claude Venezia e Yves Gaudemet, *in Manuel de Droit Administratif*, 15e édition, L.G.D.J., Paris, 1995, p. 107. Apesar da diferença de numeração das leis (confrontando-se com a nota anterior) assim está disposto na obra dos autores.

[87] Maurice Hauriou, *Précis de Droit Administratif et de Droit Public Général*, *Cinquième édition*, Librairie de La Societé du Recueil, Paris , 1903, pp. 791 e ss.

vas aos litígios organizados que questionam a atividade dos administradores públicos. O progresso do direito administrativo francês deveu-se à existência de um contencioso. Essa instituição garantiu o desenvolvimento do direito propriamente dito, através das garantias de legalidade criadas, pela importância do aspecto moral da conduta dos administradores, dando respaldo às teorias subjetivas.

O recurso por excesso de poder é uma criação jurisprudencial devido ao próprio Conselho de Estado, constituindo-se o principal instrumento de controle da legalidade administrativa, consoante André de Laubadère[88].

Devido à criação jurisprudencial do recurso por excesso de poder, pode-se organizar a teoria da legalidade, que significa obrigar o poder público à observância da *lei* e da *moralidade administrativa*.

Os principais recursos utilizados pelo contencioso administrativo francês são: o recurso por excesso de poder e o recurso de plena jurisdição.

3.4.1. Recurso por excesso de poder

De uma maneira geral, a doutrina francesa, levando-se em conta as posições defendidas por Waline[89], Berthèlemy[90] e Hauriou[91], manifesta-se no sentido de que para a admissibilidade do recurso por excesso de poder é necessário que:

a) se trate de um ato de autoridade administrativa;
b) haja lesão a um interesse;

---

[88] André de Laubadère, *et al.*, op. cit., pp. 105/7. A respeito da evolução do recurso por excesso de poder, os autores fazem uma análise de sua evolução até 1º de outubro de 1995.

[89] Marcel Waline, *Manuel Élémentaire de Droit Administratif*, Librairie du Recueil Sirey, Paris, 1936, pp.109 e segs.

[90] Berthèlemy, *Droit Administratif*, 1ª ed., 1900, p. 913.

[91] Hauriou, op. cit., p. 791.

c) para obtenção da satisfação do interesse protegido não exista nenhum recurso paralelo;

d) o recurso seja exercido no prazo previsto em lei.

Assim, quando não tenha havido lesão a um direito subjetivo do recorrente, mas sim quando o ato ilegal haja prejudicado um simples *interesse* seu, de forma direta e pessoal, econômico ou moral, cabível é o recurso por excesso de poder.

O interesse alegado pelo recorrente é indispensável ao conhecimento do recuso, porém não se constitui em sua finalidade, que é a correção da ilegalidade do ato administrativo, ou seja, a observância do *direito objetivo*.

Desta forma, por meio do recurso por excesso de poder, visa-se à proteção do interesse da parte, já que se objetiva a restauração da legalidade violada de forma objetiva. Ao contrário, caso seja lesado o direito subjetivo do recorrente e este busca o seu restabelecimento, cabível será o recurso de plena jurisdição.

Opinião diferente tem Bonnard[92], para quem existe semelhança entre os conteciosos de plena jurisdição e excesso de poder, pois ambos abrigam a violação de um *direito subjetivo* posto *em causa*. Existe *o direito subjetivo à legalidade dos atos administrativos*, e assim a ofensa a esta legalidade constitui não somente uma afronta ao direito objetivo, mas também uma infração a um direito subjetivo.

A posição de Bonnard nunca chegou a fazer escola no direito francês, constituindo-se em doutrina praticamente isolada. Faz-se a crítica dizendo que a diferença entre um e outro é de fundo, já que no recurso por excesso de poder há a pretensão à restauração da legalidade, enquanto no recurso de plena jurisdição foi violado o próprio direito subjetivo do recorrente, através de um ato do administrador, conforme posições acima descritas de Waline, Berthèlemy e Hauriou. Constitui-se

---

[92] Bonnard, Roger, *Précis de Droit Administratif*, Partie Général, Paris, Librairie du Recueil Sirey, 1935, p. 177.

em requisito para a interposição do primeiro recurso o simples interesse, enquanto ao segundo é a existência de um direito subjetivo do recorrente que se supõe atingido. Os efeitos que advêm da decisão do contencioso também são diversos. Assim, somente no caso do último poderá haver condenação pecuniária, em favor do recorrente, já que houve ofensa ao seu direito, por ato administrativo, ao passo que ao simples interessado a decisão não adquire esta extensão. Tal será visto de forma mais pormenorizada quando se tratar das decisões proferidas pelo Conselho de Estado.

A posição de Duguit é singular dentro da doutrina. Para Léon Duguit[93], *a noção de direito subjetivo possui caráter metafísico*. Para o mestre da Universidade de Bordeaux, os indivíduos não têm direitos, a comunidade, tampouco , porém todos os indivíduos estão obrigados, porque são seres sociais, a obedecer regra social. Quando o ato individual violar regra, provocará necessariamente uma reação social.

Tal ponto de vista é externado em outra de suas lições[94], especificamente na segunda, onde trabalha a regra de direito e a questão do direito subjetivo. Para Duguit, o pretendido direito subjetivo não é nada mais do que uma imaginação metafísica, enumerando as razões:

1º) A doutrina da vontade se deve particularmente a Windscheid, onde o direito subjetivo é um poder de vontade.

2º) A doutrina do interesse deve-se a Ihering, onde o direito subjetivo é tão-somente um interesse protegido pela lei. Vale ressaltar que em sua obra, o *Espírito do Direito Romano*, Ihering já se ocupa dos interesses coletivos legalmente protegidos, conforme explanado anteriormente.

---

[93] Léon Duguit, *La Transformación del Estado*, Francisco Beltrán, Librería Española y Extranjera, Madrid, 1921, pp. 57 e segs.

[94] Léon Duguit, *Leçons de Droit Public Général*, Boccard Editeur, Paris, 1926, pp. 38 e segs.

3º) A combinação da vontade e do interesse seria algo perigoso, considerando que o Estado com seu poder soberano concederia à liberdade do indivíduo um direito, pondo em risco a ordem político-social. Tal influência na doutrina de Duguit[95] deve-se provavelmente à filosofia positivista de Augusto Comte, segundo o qual o único direito do indivíduo seria fazer cumprir seu dever.

Da análise do pensamento de Duguit conclui-se que o autor rejeita a noção de direito subjetivo.

O recurso por excesso de poder, ensina Hauriou[96], é uma via de nulidade contenciosa concedida ao Conselho de Estado, no sentido de possibilitar a anulação de uma decisão executória administrativa, caso contenha um excesso de poder formal da autoridade que tomou a decisão, que pode ocorrer nas seguintes hipóteses: 1º) violação da forma; 2º) incompetência em razão da pessoa; 3º) violação da lei; e 4º) incompetência em razão da matéria e desvio de poder. Nos três primeiros casos buscam a restauração do direito violado, e no último, que seja restabelecida a moralidade administrativa.

O recurso por excesso de poder é uma criação muito original do direito administrativo francês. Seu grande mérito foi haver submetido a regras formais os atos do poder público. No início desse século, a jurisprudência do Conselho de Estado anexou *a idéia de moral ao direito*. A propósito, tratar-se-á no presente trabalho das ações que velam pela moralidade administrativa.

3.4.2. Recurso de plena jurisdição

O recurso de plena jurisdição tem como pressuposto a violação de um direito subjetivo, e não apenas de

---

[95] Duguit, *La Transformación del Estado*, op. cit. p. 68, citando Augusto Comte, *in Système de politique positive*, edición 1890, I, p. 361.

[96] Maurice Hauriou, *Précis Élémentaire de Droit Administratif*, quatrième édition, Paris, Librairie du Recueil Sirey, 1938, p. 257.

um interesse, e sua finalidade é reparar o *direito subjetivo lesado*.

Aos juristas brasileiros acostumados à proteção jurisdicional das discussões administrativas, em que ao Poder Judiciário é concedida a revisão sobre os atos emanados do Poder Executivo, causa estranheza o sistema francês. Assim, a entrega à própria administração do julgamento de seus atos pode parecer que causaria uma diminuição das garantias do cidadão. Tal, porém, não é o que se tem observado na prática, pois a Justiça Administrativa tem se mostrado independente nos seus pronunciamentos, conforme a seguir se verá ao se analisar as decisões do Conselho de Estado. Percebe-se que desde o início do século já havia a proteção aos simples interesses através do recurso por excesso de poder.

3.4.3. Jurisprudência do recurso por excesso de poder

Da leitura da obra *Les Grands Arrêts de la Jurisprudence Administrative*[97], o primeiro aresto que trata sobre o recurso por excesso de poder e interesse de agir refere-se à decisão tomada pelo Conselho de Estado, em 29 de março de 1901, Casanova, Rec. 333.

Percebe-se que no despontar do século XX a jurisprudência administrativa francesa já tutelava aos interesses. Devido à peculiaridade de ser o pioneiro caso, merece uma abordagem mais minuciosa. Destaque-se, outrossim, que a matéria discutida versa a respeito de *patrimônio público*, adquirindo relevo já que é o assunto tratado nesta dissertação.

O Conselho municipal d'Olmeto decidiu criar um posto de medicina comunitária remunerado com o orçamento da população, sendo que o médico deveria aten-

---

[97] *Les Grands Arrêts de la Jurisprudence Administrative*, 2ª ed., Sirey, M. Long, P. Weil e G. Braibant, 1958, pp. 29 e segs.

der gratuitamente a todos os habitantes do local. Um dos cidadãos considerou ilegal uma decisão que obrigaria aos contribuintes a remunerar um médico, considerando que alguns dos supostos beneficiários não poderiam fazer uso do serviço. Os inconformados interpuseram, por isso, um recurso por excesso de poder.

A jurisprudência anterior não recebia este recurso. O recorrente não poderia argüir o seu interesse de contribuinte da comuna. O Conselho de Estado decidiu, porém, conhecer o recurso por excesso de poder, acolhendo-o. Este é o ponto pelo qual o aresto Casanova é importante. É necessário referir que é o primeiro de uma série de decisões proferidas em uma época, na qual o Conselho de Estado decidiu alargar a noção de interesse necessário para receber e formar um recurso por excesso de poder.

A este aresto seguiram-se os seguintes casos decididos pelo Conselho de Estado:

a) prefcito atual contra decisão administrativa do antecessor (7/6/1902 - *Maire de Néris-les-Bains*);

b) por um membro deliberante de uma Assembléia contra a decisão dessa (1º/5/1903, Bergeon, Rec. 324);

c) por um eleitor contra uma operação de divisão eleitoral em uma comuna (7/8/1903, Chabot, Rec. 619);

d) pelo titular de um diploma contra a nomeação de um funcionário para um cargo ao qual este diploma concedia habilitação (11/12/1903, Lot);

e) pelo proprietário lindeiro a uma via pública contra a autorização de colocar fios aéreos de trens sobre esta via (3/2/1905, Storch, Rec.116);

f) pelos usuários de um serviço público contra a recusa do concessionário em prestar o serviço conforme as condições contratadas, causando, por isso, demora no mesmo (21/12/1906 - Sindicato dos proprietários e contribuintes do Bairro Croix-de-Seguey - Tivoli);

g) por um fiel contra o fechamento de uma Igreja (8/2/1908 - Déliard, Rec. 127).

Através do aresto Casanova, o Conselho de Estado admitiu o princípio de que o *contribuinte* de uma coletividade pública pode, a *título individual*, atacar as decisões que tenham *repercussões* sobre as finanças ou o *patrimônio* desta *coletividade*; a regra se aplica na medida que a inscrição no orçamento de despesas irregulares, ou de uma decisão ilegal relativa à gestão de domínio, atinge ao contribuinte. Ao contrário, o contribuinte *não é lesado por medidas genéricas de economia*, que devam ter normalmente por função reduzir o montante de impostos ou de evitar a alta dos preços; portanto, tais deliberações não são atacáveis perante o Conselho de Estado (C.E. 25/3/1955 - HIVET, Rec. 179).

Somente a condição de contribuinte do Estado não concede um interesse suficiente para a formação de um recurso (C.E. 13/2/1930, DUFOUR, Rec. 176). É assim, por exemplo, que um contribuinte não é admitido a atacar uma decisão que acorda uma exoneração fiscal pretendida ilegal a um outro contribuinte (C.E. 4/12/11936, SIBILE, Rec. 1065).

Portanto, não é necessário que o interesse seja do próprio requerente, mas ele deve estar dentro do círculo traçado pela jurisprudência, de interesses da coletividade.

São referidos muitos outros arestos, porém não se pode a todos comentar. Mas, alguns arestos, porém, foram escolhidos para ser trazidos à colação, um deles devido ao ilustre proponente - Léon Duguit.

Assim, o recurso por excesso de poder, julgado pelo Conselho de Estado em 21/12/1906, interposto pelo Sindicato dos Proprietários e contribuintes do bairro Croix-de-Seguey, Tivoli, Rec. 962[98].

A companhia concessionária de rede de trem de Bordeaux procedeu, no começo de 1901, à substituição da tração animal pela mecânica e num remanejamento de linhas decidiu pela supressão da linha que servia ao

---

[98] M. Long *et als.*, op. cit., p. 59.

Bairro Croix-de-Seguey Tivoli. O decano da Faculdade de Direito de Bordeaux - Léon Duguit - tomou a iniciativa de agrupar os habitantes do bairro em um sindicato de proprietários e contribuintes. Esta demanda pedia ao prefeito que, através de sua autoridade, responsabilizasse a companhia pela demora na execução do serviço por não estar cumprindo as condições conforme o encargo previsto. O prefeito recusou-se a atender essa demanda, e o sindicato decidiu recorrer ao Conselho de Estado pela via de recurso por excesso de poder. Após ter recebido o recurso, o Conselho de Estado rejeitou-o no mérito, pois a forma de execução do encargo constitui-se em matéria discricionária.

Outro aresto que se menciona tem especial relevo, pois diz respeito à distinção entre recurso por excesso de poder e de plena jurisdição. Trata-se do julgamento efetuado pelo Conselho de Estado, em 8 de março de 1912, LAFAGE, Roc. 048[99].

O Sr. Lafage, principal médico das tropas coloniais, interpôs um recurso contra a decisão ministerial que lhe privava de certas vantagens patrimoniais que ele entendia ter direito em virtude do texto legal em vigor.

Pleiteou as referidas vantagens. O Conselho de Estado entendeu que o recurso por excesso de poder é um instrumento para restaurar a legalidade violada. Assim, se uma decisão administrativa não concede vantagens pecuniárias, há ofensa ao Princípio da Legalidade: o recurso por excesso de poder deve, por isso, ser conhecido. Por outro lado, se o recurso pede a condenação da Administração Pública ao pagamento de uma importância pecuniária, então cabível será o recurso de plena jurisdição.

O Conselho de Estado, por meio desse aresto, estatuiu os efeitos que podem provir de um determinado recurso. Portanto, se o pedido versar apenas com respei-

---

[99] M. Long *et als.*, op. cit., p. 97.

to à pretensão declaratória, cabível será o recurso por excesso de poder: ao contrário, se contiver uma pretensão condenatória, necessária será a propositura do recurso de plena jurisdição.

Por último, menciona-se um recurso intentado por um grupo, defendendo-se interesse coletivo, que é o recurso por excesso de poder interposto pelo Sindicato de cabeleireiros de Limoges (C. E., 28 de dezembro de 1906, 977, concl. Romieu, G. A., n° 18), referido por Laubadère[100].

3.5. DIREITO ALEMÃO

A ciência jurídica alemã estabelece uma correlação entre direitos subjetivos e tutela jurisdicional[101] a partir da construção doutrinária, conforme se exporá.

3.5.1. Georg Jellinek

Na discussão a respeito de direitos públicos subjetivos, foi valorosa a ímpar obra de Georg Jellinek, *Sistema dos Direitos Públicos Subjetivos*.

A classificação dos direitos públicos subjetivos proposta por Jellinek é tripartite. Desta forma, os diferentes estágios da posição do indivíduo frente ao Estado, como forma de limitar o *status* passivo, *status subjectionis*[102], que consiste na ausência de autodeterminação individual e, portanto, de personalidade, onde há a completa submissão do cidadão com relação ao ente público , são

---

[100] Laubadère, op. cit., p. 111.

[101] García de Enterría, Eduardo [*et al.*], *Curso de Direito Administrativo*, São Paulo, Ed. RT, 1990, p. 762.

[102] Georg Jellinek, *System der Subjektiven öffentlichen recht*, zweite durchgesehene und vermehrte auflage, anastatischer neudruck der ausgabe von 1905, Tübingen, 1919, pp. 86 e segs.

três. Assim, denominam-se: a) *status* negativo, *status libertatis*[103], em que o indivíduo é titular de uma esfera de liberdade individual, à margem de intervenção do Estado; b) *status* positivo, *status civitatis*[104], no qual o indivíduo tem direito a exigir prestações concretas do Estado; e c) *status* ativo, *status activae civitatis*[105], onde o indivíduo é detentor do poder político e, como tal, tem direito a participar no exercício do poder.

Fazendo um estudo da obra de Jellinek, Erico Ithamar Baumgarten[106] assevera que: *a participação do indivíduo no exercício do poder soberano do Estado é fundamento para os direitos públicos subjetivos.* Assim, o esquema traçado por Jellinek resume as principais relações que possam existir entre os indivíduos e o Estado. Desta forma, o cidadão, quando integra uma relação de direito público como requerente, pretende o reconhecimento de um desses *status.*

Ernst Forsthoff[107] também cita a classificação de Jellinek, assim, tem-se: *status activus*, que compreende essencialmente o direito eleitoral e de sufrágio; *status negativus*, ao qual pertencem os direitos de defesa contra intervenções não-legais na liberdade e na propriedade; e o *status positivus*, que enfeixa as pretensões de prestações e outras atividades concretas da administração . Os três *status* serviriam para limitar o *status subjectionis* geral que se encontra o indivíduo frente ao Estado.

A divisão proposta por Jellinek objetiva demonstrar os três *status* que o cidadão possui frente ao Estado - que lhe conferem direitos, como forma de poder se opor

---

[103] Jellinek, op. cit., pp. 94 e segs.

[104] Jellinek, op. cit., pp. 114 e segs.

[105] Jellinek, op. cit., pp. 136 e segs.

[106] Erico Ithamar Baumgarten, citando Jellinek em Direitos Subjectivos Publicos, Porto Alegre, Livraria do Globo, 1937, pp. 7/8, grifos do autor.

[107] Ernst Forsthoff, citando Jellinek no *Tratado de Derecho Administrativo*, Madrid, Instituto de Estudios Políticos, 1958, p. 266, nota nº 27.

ao *status subjectionis* que detém o Estado, que lhe outorga deveres.

Para que se admita direitos do particular contra o Estado, tem-se de começar por admitir o Estado como submetido ao ordenamento jurídico. O Estado encontra-se, então, subordinado ao Direito. Essa vinculação constitui o fundamento e a explicação de um direito dirigido contra o Estado e a favor do indivíduo, ao qual se denomina *direito público subjetivo*.

O direito público subjetivo surge como uma decorrência da lei. Disso se extrai a possibilidade de defender o direito subjetivo mediante a propositura de ação perante o Poder Judiciário. Pode-se, então, concluir que o direito público subjetivo está relacionado diretamente com o Princípio da Legalidade, conforme Eduardo García de Enterria[108] e Antônio Esteban Drake[109].

Jellinek parte da concepção de direito privado e aceita a definição de Ihering de "interesse juridicamente protegido". Coloca-se, porém, uma dificuldade adicional quando se está no direito público, já que não deve apenas ser considerado o interesse do indivíduo de uma forma isolada, mas como membro da comunidade, dentro do dualismo: homem-cidadão, conforme Drake[110]. Aí está, então, a dicotomia Estado-sociedade reproduzida sob a forma de homem-cidadão.

Entre o interesse do cidadão e a atuação da administração coloca-se o direito público subjetivo. O conteúdo desta pretensão jurídica se identifica necessariamente com o próprio conteúdo do Princípio da Legalidade como garantia institucional das liberdades públicas.

---

[108] Enterria, op. cit., p. 758.

[109] Drake, Antônio Esteban, *El Derecho Público Subjetivo- como instrumentación técnica de las libertades públicas - y el problema de la legitimatión procesal*, sección de Publicaciones de la Facultad de Derecho de la Universidad Complutense, 1981, pp. 29 e segs.

[110] Drake, op. cit., p. 32.

3.5.2. Otto Mayer

Sucessor de Jellinek no direito alemão foi Otto Mayer. Antes de apresentar a sua concepção de direito público subjetivo, Otto Mayer[111] discorre sobre a evolução histórica do direito administrativo alemão do período por ele denominado *der Polizeistaat* (Estado de Polícia - ou seja, a última fase do rei absoluto), de onde conclui que as leis dessa fase são denominadas leis de polícia, não se constituindo, portanto, em direito. A partir delas, por conseqüência, não se pode apoiar uma ação judicial.

Após a Revolução Francesa, com o surgimento do constitucionalismo monárquico em toda a Europa, começa a se desenvolver o conceito de Estado de Direito *Rechtstaat*, tal como ocorre na Alemanha com a Constituição de 1871, que organizou o Império Alemão.

Desta forma, as características do direito administrativo do Estado de Polícia e do Estado de Direito se acharam separadas por um fosso intransponível.

Para Otto Mayer[112], a organização do poder público que caracteriza o regime de direito tem por fim submeter as relações entre o Estado e o súdito às formas jurídicas. Isso faz com que ocorram relações jurídicas, sendo que a mais notável apresenta-se sob a forma de direito público subjetivo. Essa garantia não é senão reflexo do ordenamento geral que nos rodeia. O círculo se estreita por graus ao redor da pessoa. O último resultado é um círculo definido de interesses submetidos a seu poder jurídico próprio.

No entendimento de Otto Mayer, é freqüente o uso da palavra *direito*. Para que se possa falar em direito, é necessário que previamente se haja produzido determinado *efeito jurídico* entre um *súdito individualizado* e o *Estado*.

---

[111] Otto Mayer, *Derecho Administrativo Alemán*, Parte General, Tomo I, Buenos Aires, Depalma, 1949, pp. 47 e segs.

[112] Otto Mayer, op. cit., pp. 139 e segs.

Este requisito da determinação jurídica se realiza na *relação jurídica de direito público*. Entendendo-se por esta pessoa na qual reside o poder público e uma relação jurídica determinada. As relações complexas podem se dar de duas formas: a) relação de sujeição particular - estabelecida entre o Estado e o súdito, e b) relação coletiva de direito público - consistindo em prestações impostas, em nome do interesse público, a uma pluralidade de indivíduos em comum. Saliente-se, por fim, que o exercício do poder público está vinculado a um poder jurídico.

Pergunta Otto Mayer, por derradeiro, qual é o valor jurídico de um direito? Responde que esse se manifesta de duas formas: em primeiro lugar, através da *proteção jurídica* que lhe deve o poder público, aí entendido que o direito público subjetivo vincula o poder público; em segundo, por sua *disponibilidade*, no sentido de que o direito público subjetivo não se constitui em um dever, mas faculdade de exercitá-lo.

Alguns direitos públicos subjetivos dependem de qualidades que são inerentes ao sujeito titular e desta forma não podem ser transferidos, como, por exemplo: o direito de voto e o direito de recorrer contra um ato administrativo.

O juridicamente peculiar dos direitos públicos subjetivos, segundo Fritz Fleiner, reside no vínculo jurídico do Estado frente ao súdito, conforme transcreve Adolfo Merkl[113].

3.5.3. A moderna doutrina alemã

Na concepção de Bachof, segundo Drake[114], direito público subjetivo é o poder de vontade outorgado pelo ordenamento jurídico para a satisfação de um interesse.

---

[113] Fritz Fleiner *apud* Adolfo Merkl, *Teoría General del Derecho Administrativo*, México, Editora Nacional, p. 172.

[114] Bachof *apud* Drake, op. cit., p. 42.

No entendimento de Bachof, em virtude do artigo 19(4), da Constituição, todos os interesses juridicamente protegidos foram elevados ao patamar de direito público subjetivo.

Veja-se a propósito o conteúdo do citado dispositivo legal:

"Artigo 19 (Restrição dos direitos fundamentais)
(...)
(4) *Se alguém por meio do poder público é violado em seus direitos, então lhe está aberta a via judicial. Na medida em que uma outra competência não está fundamentada, está dada a via judicial ordinária.* O artigo 10, alínea 2, frase 2, fica intacto."[115].

Pode-se sintetizar o pensamento de Bachof, segundo o qual todas as vantagens derivadas do ordenamento para cada cidadão se constituíram em verdadeiros direitos subjetivos, sendo decorrência do princípio Estado de Direito. Observa, porém, que a constituição em direitos subjetivos não surge diretamente pela interferência de tais vantagens do ordenamento jurídico, somente ocorrendo quando as mesmas sofrem uma agressão injusta por parte da administração, direitos subjetivos que tendem, então, ao restabelecimento de ditas vantagens por via de reação ou de eliminação do injusto que as nega, as desconhece ou as perturba, consoante Enterría[116].

Para Forsthoff, a recente evolução do Direito tende a fortalecer a posição jurídica do indivíduo frente à Administração, superando a tripartição: execução da lei, direito reflexo e direito público subjetivo.

---

[115] Art. 19(4), Lei Fundamental da República Federal da Alemanha, promulgada pelo Conselho Parlamentar, em 23 de maio de 1949, com as emendas até, inclusive, 23 de agosto de 1976, tradução publicada pelo Departamento de Imprensa e Informação do Governo Federal, Bonn, PUBLIC DOCUMENT, Impresso na República Federal da Alemanha, 1983, p. 23, grifos nossos e do texto.

[116] Bachof *apud* Enterría, op. cit., p. 774.

Neste diapasão, para o citado autor, a Lei Fundamental de Bonn no artigo 19 (4) representa uma inovação enderaçada a criar uma proteção jurídica integral, que deve reverter em favor do particular cada vez que este se sinta prejudicado pelo Poder Público. A lei somente menciona lesão a direito. No entendimento de Ernst Forsthoff, também estão protegidos alguns dos reflexos de direito[117].

A doutrina de Bachof foi decisiva através do aprofundamento na noção de direito público subjetivo para incluir, além do seu conteúdo tradicional, o que a doutrina italiana qualifica de interesses legítimos, e a francesa, de situações protegidas mediante recursos objetivos.

Deve-se ressaltar que o aludido dispositivo legal - artigo 19(4) - encontra-se em vigor, apesar da Unificação da Alemanha, haja vista que permaneceu eficaz a Lei Fundamental da República Federal da Alemanha, conforme *Deutsche Gesetze*[118].

Menger sustenta a existência de uma norma que obrigaria o Estado, no caso de prejudicar antijuridicamente alguém, a "restabelecer a situação que existiria se não houvesse tido lugar o prejuízo". Essa norma seria fundamento a uma pretensão de reparação da qual resultariam os pedidos de indenização por dano e anulação dos atos administrativos, conforme citação efetuada por Drake[119].

---

[117] Forsthoff parte de uma distinção, qual seja: do efeito reflexo das normas, conforme o fim a que sirva. Se a norma se dá no interesse do Estado ou de qualquer outro interesse supraindividual, pode certamente produzir determinados efeitos de fato que redundem em benefício do particular, porém essa utilidade efetiva, que a lei somente considera como um efeito secundário fora da verdadeira intenção da lei, não se constitui em objeto de um direito reflexo. Para o citado autor: "Otra cosa es si la Ley obliga a las autoridades a determinadas acciones en favor de los particulares, sin reconocer a éstos expresamente una pretensión sobre ellas. Este es el caso en el que interviene el artículo 19 ap.4 de la Ley Fundamental, convirtiendo el derecho reflejo en pretensión dotada de acción" (op. cit. p. 271).

[118] Deutsche Gesetze, 87 Auflage, Stand: 1, Dezember 95, Beck München, Begrindet von Dr. Heinrich Schönfelder.

[119] Menger *apud* Drake, op. cit., pp. 120 e segs.

A demanda de anulação foi considerada no paralelismo dogmático com a ação negatória do BGB. Tal ocorre porque é por meio de tal ação que se constitui uma relação jurídico-pública que dá ensejo à pretensão de reparação.

Bettermann defende o mesmo tipo de idéias: " Se o Estado, no exercício do poder público, prejudica antijuridicamente a alguém em sua posição jurídica, haverá de eliminar o prejuízo", consoante assevera Drake[120]. Esse princípio serve de base jurídica, junto ao direito geral de defesa, contra os atos administrativos ilegais. Instaura-se uma dualidade antijurídica devido à ilegalidade objetiva e à lesão a uma posição jurídica, similar ao que ocorre com o artigo 12 (referente ao nome), 862 (posse) e 1.004 (propriedade), do BGB.

Henke critica as posições de Menger e Bettermann, dizendo que não são possíveis paralelismos dogmáticos entre ambas as esferas do público e do privado. Considerando que "as leis administrativas são, em uma concepção tradicional e geral, autorizações a Administração e limites a liberdade do cidadão, em nenhum caso fonte de concretização de direitos absolutos ou de um *status* em determinadas pretensões de omissão ou defensivas", conforme transcreve Drake[121].

Destarte, constata-se que o desacordo entre as posições dos autores citados afeta a temática do direito público subjetivo, qual seja: o conceito de liberdade germânica.

3.5.4. Crítica ao Direito Público Subjetivo no tocante à idéia de liberdade

Henke efetua a crítica à doutrina tradicional do direito público subjetivo, segundo a qual "a lei é a

---

[120] Betterman *apud* Drake, op. cit., p. 121.

[121] Henke *apud* Drake, op. cit., p. 122.

limitação da liberdade do cidadão", conforme enuncia Drake[122]. Dessa assertiva, Henke conclui que a *liberdade jurídica* do súdito - membro do Estado - é na Alemanha um *a priori*. Da análise do direito público germânico, constata-se, porém, que foi precisamente o contrário, a idéia de soberania é primordial, sendo que a liberdade é dessa derivada e que somente irá ocorrer nos espaços permitidos por aquela.

Menger e Bettermann criticam Henke, dizendo que o processo de vontade do Estado legal está aqui dirigido a individualizar, a subjetivar, a atribuir a liberdade a um sujeito determinado, conforme enuncia Drake[123].

3.5.5. Comparação entre o Direito francês e o Direito alemão

A proteção ao direito público subjetivo na Alemanha foi fomentada a partir da obra de Jellinek, que partiu da noção de direito subjetivo e interesse no direito privado. Na França, diferentemente, a proteção aos interesses ocorreu mediante criação jurisprudencial. Isso explica a evidente patrimonialização do Princípio da Legalidade através do direito subjetivo à legalidade na Alemanha. Na França, ao contrário, a liberdade que a legalidade protege não é a liberdade de um administrado, mas a liberdade do conjunto dos administrados.

Salienta-se o importante papel da doutrina na França, principalmente de Hauriou, ao comentar as decisões do Conselho de Estado. Na Alemanha, devido à construção teórica de Jellinek é que se irá conferir proteção aos direitos públicos subjetivos.

A proteção dada pelo direito francês desde o início do século é mais efetiva, porque não somente os direitos

---

[122] Henke *apud* Drake, op. cit., p. 123.

[123] Menger e Betterman *apud* Drake, op. cit., p. 124.

públicos subjetivos encontram-se protegidos, através do recurso de plena jurisdição, como também os interesses, pela via do recurso por excesso de poder. O ato administrativo encontra-se muito mais fiscalizado, transpassando o ramo da legalidade e sendo possível até a perquirição de sua moralidade.

Na Alemanha, proteção expressa existe ao direito, conferida pela lei, a partir da moderna doutrina, sobretudo de Bachof, que visa a proteger as vantagens concedidas aos administrados.

3.6. DIREITO ITALIANO

Os italianos possuem a doutrina denominada de interesse legítimo. A proteção judicial dos direitos subjetivos perfeitos era imperfeita e havia necessidade de estender a proteção a interesses que não alcançavam a categoria de verdadeiros direitos subjetivos, de onde se desenvolveu a categoria dos interesses legítimos. Desde a segunda década deste século, na Itália, a Justiça administrativa se encontra dividida em *tribunais ordinários*, que protegem os *direitos subjetivos*, e *Conselho de Estado*, que dá guarida aos *interesses legítimos*.

3.6.1. Zanobini

Zanobini apresenta a diferença entre direito subjetivo e interesse legítimo: "O *direito subjetivo* é um interesse considerado pelo ordenamento como propriamente pertencente a seu titular e tutelado diretamente com expressa norma jurídica; o *interesse legítimo*, mesmo sendo propriamente de um indivíduo determinado, é intimamente ligado ao interesse geral; daí por que recebe do ordenamento uma tutela indireta, através de normas ditadas para assegurar a satisfação do dito interesse geral", conforme citação de Barbi[124].

A doutrina italiana distingue o *direito* do *interesse*, como a *espécie* do *gênero*, no entender de Cretella Júnior[125]. Neste sentido, todo o direito envolve um interesse, mas a recíproca não se repete, pois nem todo o interesse se eleva à categoria de direito. *Direito* é o *interesse* tutelado pela norma jurídica. Assim, tem-se: o interesse simples, o interesse legítimo e o direito subjetivo, que diferem com relação ao grau de proteção ao interesse tutelado. O interesse legítimo é protegido mediante recursos administrativos, e o direito subjetivo encontra proteção não só nos recursos administrativos internos, como também nas ações judiciárias, traduzindo-se a tutela no reconhecimento desse direito.

3.6.2. Santi Romano

Pela influência que exerceu como fundador da moderna escola italiana de direito público, bem como na última Constituição Italiana de 1947, merece ser transcrita a opinião de Santi Romano[126] com relação aos *direitos públicos subjetivos*, que "são poderes de agir numa relação jurídica concreta conexa a uma função pública". Podem pertencer, por isso, tanto ao Estado como a qualquer outro sujeito.

Na sua classificação quanto aos *sujeitos*, podem ser: *gerais e especiais*. Os primeiros derivam da lei e são atribuídos a todos que se encontram em determinadas condições, por exemplo: cidadãos. Os segundos podem

---

[124] Zanobini *apud* Celso Agrícola Barbi, *Do mandado de segurança*, 3ª ed., 3ª tiragem, Rio de Janeiro, Forense, 1980, pp. 20 e segs.

[125] Cretella Júnior, José. *Do mandado de segurança*, São Paulo, Bushatsky, Ed. Universidade de São Paulo, 1974, p. 51.

[126] Santi Romano. *Princípios de direito constitucional geral*; tradução de Maria Helena Diniz, São Paulo, Ed. RT, 1977, p. 146.

derivar da lei ou de um ato particular, mas não surgem até que se constitua alguma relação que atinja ao sujeito, como exemplo: assumir em cargo público ou obter uma concessão administrativa.

Com relação aos sujeitos, podem ser *individuais* e *corporativos*. Esses últimos pertencem sempre aos membros de uma coletividade e são, portanto, sempre gerais. Não são autônomos um em relação ao outro, mas formam conjuntamente um feixe de direitos inseparáveis, que são exercidos coletivamente.

Quanto aos direitos públicos subjetivos, concorda-se com a opinião de Santi Romano, o mesmo não acontecendo quando o mesmo discorre a respeito dos interesses.

Interesses do direito público, segundo Santi Romano[127], são denominados interesses jurídicos ou legítimos que são tutelados, porém sem conferir ao seu titular o direito de pretender-lhe a satisfação. Sua tutela não é necessariamente menor que a dos direitos, algumas vezes é mais eficaz, como a dos interesses (qualificados erroneamente como direitos) à vida, à honra, à saúde etc., que são protegidos pelas normas penais; e no campo do direito administrativo de alguns Estados, como o italiano, há órgãos adequados, alguns com caráter jurisdicional, aos quais está confiada a função de tutelar tais interesses.

No Brasil, tais não são qualificações errôneas de direitos à saúde, à honra e à vida, pois se constituem em verdadeiros direitos públicos subjetivos, já que recebem o amparo legal. Nesse sentido, direito à vida - artigo 5º, *caput*, da CF, direito à honra - artigo 5º, X, da CF e direito à saúde - artigo 196, da CF. Assim, em nosso país, a toda evidência não são meros interesses, mas autênticos direitos públicos subjetivos, com fundamento na Constituição Federal.

---

[127] Romano, op. cit., pp. 151 e segs.

Santi Romano[128] distingue os *interesses legítimos* dos *de fato*, que o ordenamento jurídico não considera e, portanto, não protege. Entre esses interesses de fato estão compreendidos aqueles que não têm o caráter da individualidade ou da personalidade. Exemplo: o interesse de todo o cidadão ao bom funcionamento dos serviços públicos prestados à coletividade não é um interesse jurídico.

No Brasil, tem-se a preocupação com o funcionamento dos serviços públicos em sede constitucional, expressa no artigo 37, § 3º, da CF. Da mesma forma, o artigo 129, inciso II, da Magna Carta, dispõe que dentre as funções institucionais do Ministério Público está o zelo pelos serviços públicos relevantes. Assim, é possível fiscalizar entidades públicas que prestam serviços de natureza essencial e que não oferecem satisfatório atendimento. Nesses casos, há permissivo legal para a tomada das medidas necessárias para a realização dos mesmos. Cabível seria, por conseguinte, a interposição de ação civil pública. Dessa maneira, não se pode considerar no direito brasileiro o zelo pelos serviços públicos um mero interesse de fato, tal qual ocorre no direito italiano. Em nosso país, utilizando-se a terminologia proposta pelo direito italiano, configura-se um interesse legítimo devido à proteção jurídica que se lhes pode conceder.

Diferente é a hipótese quando o mau funcionamento do serviço público ocasionar algum dano ao particular. Surge, então, a responsabilidade civil do Estado, de que trata o artigo 37, § 6º, da CF .

Santi Romano classifica os interesses como pertencentes a três espécies. A primeira, seriam os *simples interesses*, que são apenas tutelados pela norma geral, onde não implicaria para o Estado o dever de satisfazê-los. A segunda, constituiriam nos interesses *ocasional-*

---

[128] Romano, op. cit., p. 152.

mente protegidos, aqueles que, além da norma geral, são tutelados por outra especial, de cuja observância pode ocorrer, como mera eventualidade, que permaneçam satisfeitos; essa norma não foi estabelecida para sua proteção e tem com eles uma relação meramente acidental. E, por último, os *interesses diretamente protegidos* por uma norma que os contempla de modo especial, sem contudo fazer depender, pelo menos prevalentemente, a sua tutela da vontade dos sujeitos: são interesses que, mesmo sendo particulares, se ligam aos gerais e são tutelados por reflexo pela própria tutela desses últimos. Com expressão equivocada têm sido designados como "direitos reflexos", em contraposição aos direitos subjetivos. Exemplo: expectativa de direito, com relação a certas vantagens que somente se implementam pela passagem do tempo.

Critica-se somente Santi Romano no tocante aos simples interesses que para o autor seriam apenas tutelados pela norma geral e, portanto, destituídos de proteção jurídica. Ora, tal evidentemente não se coaduna com o sentido moderno de constituição e sua função diretiva com normas programáticas, já que essas se constituem em verdadeiras metas a serem cumpridas pelo Estado, não tendo somente o caráter consultivo, gerando, assim, uma obrigação para o poder público no sentido de implementá-las.

Destarte, a teoria do interesse legítimo não é suficientemente precisa. Há autores sustentando que o interesse legítimo seria projeção processual do interesse de fato, conforme descreve Enterría[129].

Ora, a confusão conceitual parece instaurada, já que se confundem noções de direito material e processual. É evidente que o interesse jurídico deve estar presente em qualquer ação, mas somente é sua condição de admissibilidade, não se confundindo com a pretensão de direito invocada.

---

[129] Enterría, op. cit., p. 762.

3.6.3. Biscaretti di Ruffia

Paolo Biscaretti di Ruffia[130] apresenta as figuras jurídicas subjetivas no direito público, descrevendo: a) direitos subjetivos (intimamente ligados a meros interesses legítimos), b) as potestades e c) os deveres.

Para Biscaretti di Ruffia, a *diferença* substancial entre *direitos subjetivos* e *interesses legítimos* é aceita pelo *artigo 113 da Constituição Italiana*. A Carta protege o cidadão contra todos os atos da Administração Pública que lesionem as situações jurídicas favoráveis a uma tutela jurisdicional ante os *órgãos de jurisdição ordinária* (o qual é regra para os *direitos subjetivos*) ou *administrativa* (única proteção de natureza jurisdicional geralmente concedida aos *interesses legítimos*).

O autor acima citado estatui um novo elemento entre a espécie de ato administrativo vinculado ou discricionário com relação direito subjetivo ou interesse legítimo.

Desta forma, geralmente, os *direitos subjetivos* ocorrem frente aos *atos administrativos vinculativos* (aqueles que devem realizar-se por disposição da lei e nos modos por ela estabelecidos), enquanto os *atos administrativos discricionários* contrapõem-se a *interesses legítimos*. Assim, se com o ato discricionário o administrador contraria o interesse público, o interesse individual não pode receber o mesmo tratamento de algo tutelado rigidamente pela lei, denominado direito subjetivo.

O autor diferencia o simples interesse dos interesses legítimos. No que concerne ao primeiro, são protegidos somente por uma norma que imponha à autoridade administrativa valorar determinados interesses gerais, exemplificando-se: cuidado com a segurança pública, a viabilidade das comunicações asseguradas pelo Estado.

---

[130] Paolo Biscaretti di Ruffia, *Derecho Constitucional*, tradução da obra "Diritto Constituzionale" por Pablo Lucas Verdu, Editorial Tecnos, Madrid, 1973, p. 186.

Com relação aos últimos, distinguem-se em duas categorias, utilizando a classificação de Zanobini: os interesses legítimos em sentido estrito e os interesses discricionariamente protegidos.

Dentro da classificação proposta, os interesses legítimos em sentido estrito são aqueles tutelados por normas jurídicas que disciplinam em linhas gerais os interesses dos particulares, algumas vezes denominados, impropriamente, de direitos reflexos. Cita, como exemplo, o caso de um candidato em concurso preterido em sua classificação, que exige respeito às normas estabelecidas no concurso. No direito brasileiro, tal se constituiria em verdadeiro direito subjetivo, já que o candidato ingressaria com a ação denominada de mandado de segurança a fim de exigir o cumprimento da ordem de classificação quando da nomeação.

No que tange aos interesses discricionariamente protegidos, são aqueles tutelados não somente por normas jurídicas objetivas, mas por critérios, tais como de oportunidade, de técnica, de boa administração, de eqüidade etc., que se impõem à Administração no exercício do poder discricionário.

Quanto aos direitos públicos subjetivos, Biscaretti di Ruffia menciona seguir a classificação de Zanobini, para dividi-los em quatro categorias: *a) direitos de personalidade* (onde se enquadram os direitos decorrentes da liberdade civil e de reunião ou associação); *b) direitos funcionais* (decorrentes da função exercida, como por exemplo a inamovibilidade funcional, enquadrando-se, também, nesta categoria os direitos políticos, tais como o de votar e ser votado); *c) direitos públicos de prestação*, de onde se subdivide: c.1) o Estado prestador de serviços, que tem direito ao serviço militar prestado pelos cidadãos e o direito de exigir os tributos, c.2) próprios do cidadão que exerce a função pública, direito dos funcionários aos vencimentos, e c.3) direitos sociais, que ocorrem em número expressivo na área econômico-social nos Estados Democráticos contemporâneos; e *d)* direitos públicos reais, decorrentes dos bens do Estado, como, por exemplo, exploração de atividades lucrativas em determinadas áreas - loterias, ferrovias, telefonia, etc.

A classificação apontada possui algumas imperfeições, já que numa categoria restrita como direitos funcionais são aglutinados espectros mais amplos como direitos políticos. E, ainda, dentro dos direitos públicos de prestação do qual ora decorrem direitos do Estado como receber tributos, ora traz os direitos sociais, ao qual incumbe a sua realização ao Estado. E, por fim, os direitos do cidadão que exerce a função pública, que poderiam ser classificados na categoria anterior (*b* e não na *c*.2).

Da análise do item c, constata-se que numa mesma categoria são reunidos os direitos subjetivos do Estado e os do indivíduo. Configura-se difícil a junção dos entes público e privado em uma mesma classificação.

Assim, a teoria italiana não tem a mesma precisão e alcance das doutrinas francesa e alemã.

3.7. DIREITO BRASILEIRO

3.7.1. Ruy Cirne Lima

Merece ser destacada a posição de Ruy Cirne Lima[131], que assevera: "Diz-se que existe direito subjetivo público quando uma pessoa administrativa se constitui em obrigação, segundo o direito público, para com o particular; ou, igualmente, o Estado, para com uma de suas pessoas administrativas por ele criadas". A seguir, aponta o ilustre doutrinador gaúcho as características do conceito: a) sujeitos vinculados em posição superior e

---

[131] Ruy Cirne Lima, *Princípios de Direito Administrativo*, Porto Alegre, Sulina Ed., 1964, p. 56.

inferior e b) relação de direito público, sendo que ambas não são por si só suficientes. Cita, então, a relação entre os comandantes militares e seus subordinados, e embora seja de direito público, não é possível o estabelecimento de direito subjetivo público.

O fundamento do direito subjetivo provém, então, do Princípio Democrático, expressado através do poder do Estado e da participação popular, qual seja: a aptidão do indivíduo para governar. Isso pode se traduzir em algumas hipóteses, como as melhores condições que o subordinado tem para atuar do que seu superior.

A característica peculiar dos direitos públicos subjetivos, segundo Cirne Lima[132], é a circunstância de criarem obrigação jurídica em pessoa de direito público, a quem normalmente somente se reconhece o poder de obrigar juridicamente. A partir dessa conceituação é alargada a noção de direito subjetivo público. Compreendem-se os direitos que se originam na esfera do direito internacional, das obrigações assumidas pelo Estado, uns com os outros, todos detentores de soberania. Igualmente estão incluídos os direitos que nascem na órbita do Direito Constitucional, tais como os que podem resultar do pacto federativo entre os Municípios, os Estados e a União. Englobará, também, os direitos que se fundam no terreno do Direito Administrativo por intermédio de atos administrativos, entre a União, os estados e os municípios, bem como as entidades autárquicas em suas relações paritárias de direito público.

O fundamento do direito público subjetivo também é ampliado, visto que sua origem poderá ser o tratado internacional, a Constituição, a lei ou o ato jurídico.

Neste sentido, o direito público subjetivo nasce da transferência ou do exercício de uma parcela do poder estatal.

---

[132] Cirne Lima, op. cit., p. 57.

O conceito apresentado pelo prof. Ruy Cirne Lima é o mais amplo, visto que podem ser titulares de direitos públicos subjetivos tanto o cidadão - pessoa física - quanto as pessoas jurídicas de direito interno ou internacional. As diversas origens, bem como o seu fundamento na Democracia do Estado, ao qual somente se atualizaria para a Constituição atual - colocando nos seguintes termos: o fundamento no Estado Democrático de Direito.

3.7.2. José Cretella Júnior

Para Cretella Júnior[133], a *lesão ao interesse* está fora da proteção jurisdicional porque desprotegida de norma jurídica. O ato administrativo, porém, que *lesa direitos* do administrado, outorga-lhe o direito subjetivo público de ir a juízo e exigir do Estado o cumprimento de uma prestação que lhe devolva a situação ocupada antes da edição do ato.

3.7.3. Francisco Cavalcante Pontes de Miranda

Nos Comentários à Constituição de 1934, Pontes de Miranda[134] asseverou que a escola primária no Brasil é direito objetivo, porém as crianças em idade escolar não têm direito subjetivo à escola. Nenhuma obrigação haveria por parte dos governantes se os pais ou tutores reclamassem professores, prédios e bancos escolares. É curioso, pois a Constituição de 1934 já concedia tutela ao direito de educação em seus artigos 148/9 e 150, alínea *a*. Entretanto, o eminente autor aí não visualizou direitos públicos subjetivos.

---

[133] Cretella Júnior, *Do Mandado de Segurança*, São Paulo, Bushatsky, Ed. Universidade de São Paulo, 1974, p. 5.

[134] Pontes de Miranda, *Comentários à Constituição da República dos Estados Unidos do Brasil*, tomo I, Rio de Janeiro, Ed. Guanabara, 1936, pp. 60 e segs.

Merece ser referido Érico Ithamar Baumgarten[135] que, em sua monografia a respeito dos direitos subjetivos públicos, aponta os fundamentos dos mesmos e criticou Pontes de Miranda. Assim, o direito subjetivo público não é uma simples concessão do Estado, mas "são direitos que, nos estados democráticos, o indivíduo pode fazer valer contra o Estado, fundado na sua capacidade legal para exercer o poder de mando". A democracia é apresentada como a concepção mais próxima do Estado de Direito. Observa-se que, quando a obra foi escrita, era vigente a Constituição de 1934, quando não era princípio constitucional fundamental o Estado Democrático de Direito. Assim, democracia e legalidade hoje se encontram dentro de um binômio inseparável a que almeja o Estado brasileiro. Ambos integram o Estado e dele não se podem fracionar.

A conseqüência do fundamento do direito subjetivo público é de que tal direito é inconcebível com os estados despóticos, absolutos ou totalitários. Daí se percebe que eles são fruto de lenta evolução. Baumgarten[136] faz crítica a Pontes de Miranda que não vislumbra no direito à educação no ensino primário (artigo 150, alínea *a*, da CF de 1934) um direito público subjetivo.

Pontes de Miranda[137], porém, redimiu-se posteriormente, visto que de forma expressa assinalou que o direito à educação não se trata de ato voluntário por parte da Igreja ou do Estado, mas de verdadeiro *direito público subjetivo* que pode ser exigido pelo cidadão perante o Estado.

Acentua Pontes de Miranda que no Brasil (do século XIX) tivemos o ensino primário gratuito, mas sem haver qualquer generalização compulsória; portanto,

---

[135] Érico Ithamar Baumgarten, *Direitos Subjectivos Públicos*, Porto Alegre, Livraria do Globo, 1937, pp. 18 e segs.

[136] Baumgarten, op. cit., pp. 21 e segs.

[137] Pontes de Miranda, *Comentários à Constituição de 1967*, tomo VI (arts. 157/89), São Paulo, Ed. RT, 1968, pp. 318 e segs.

sem haver o direito público subjetivo. O Federalismo distribuiu as organizações do ensino primário, criando diferenças para o homem brasileiro, pois os estados-membros trataram a questão de modo diverso. Pode-se concluir, então, que a implementação do direito público subjetivo à educação viria ao encontro do Princípio da Igualdade, posto que somente com a igualdade dos meios de acesso à educação é que se garantirá iguais oportunidades de desenvolvimento para todos os cidadãos.

Para Pontes de Miranda[138], a questão do direito público subjetivo é espécie velha, mas só recentemente estudada pela ciência. Para que exista direito público subjetivo, é preciso que alguém, pessoa física ou jurídica (nacionais, estrangeiros, Estados-membros, municípios), possa, por ato seu, restringir a atividade legislativa ou administrativa do Estado ou obter restrição no terreno do direito público. Conceito mais restrito é o de direito constitucional subjetivo, onde à noção de direito público subjetivo se soma a noção de inclusão na Constituição, apontando como exemplo o *habeas corpus*, que no Brasil é direito constitucional subjetivo.

Fazendo-se uma pequena observação de que o direito constitucional subjetivo protegido seria o direito de ir e vir livremente, sendo que o *habeas corpus* seria a ação para proteção do direito, qual seja a sua garantia.

Após, Pontes de Miranda estatui que Gerber, Georg Jellinek e Otto Mayer não vislumbraram diversos direitos públicos subjetivos que hoje são consagrados. Tal foi o que lhe aconteceu com relação ao direito público subjetivo à educação, sendo que posteriormente reviu sua posição.

Pontes de Miranda também classifica em três as espécies de regras que dão guarida aos direitos públicos subjetivos: a) preceitos que apenas enunciam normas

---

[138] Pontes de Miranda, *Comentários à Constituição de 1934*, op. cit., p. 63.

abstratas; b) preceitos de direito objetivo, com ou sem efeitos reflexos, mas sem conferimento de direito subjetivo; e c) preceitos de direito objetivo, conferidores de direitos públicos subjetivos, à semelhança do estatuído por Santi Romano, com relação aos interesses, cuja crítica já foi anteriormente formulada no item 3.6.2.

3.7.4. Direito Público Subjetivo de acesso ao Poder Judiciário e sua importância como forma de defesa dos direitos e interesses

Apesar de todos os direitos públicos subjetivos que a Constituição se ocupa, não se arrolarão aqui no presente trabalho, pois se objetiva tratar as questões do patrimônio público. Permitir-se-á, porém, breves considerações a respeito do direito público subjetivo de acesso ao Judiciário[139], uma vez que a partir desse direito é que se fará a defesa de todos os demais direitos e interesses, tanto do âmbito do cidadão como das entidades com legitimidade para tal e, também, do próprio Estado. Cappelletti[140] conclui que "O acesso à justiça pode, portanto, ser encarado como requisito fundamental - o mais básico dos direitos humanos - de um sistema jurídico moderno e igualitário que pretende garantir, e não apenas proclamar o direito de todos."

Fazendo-se um histórico a respeito da acessibilidade aos órgãos do Poder Judiciário, a primeira Constitui-

---

[139] Rogério Lauria Tucci et al., Constituição de 1988 e processo: regramentos e garantias constitucionais do processo, São Paulo, Saraiva, 1989, pp. 10/1, "Essa garantia de acesso aos juízos e tribunais consiste, por sua vez, num direito público subjetivo, universalmente consagrado e decorrente da assunção, pelo Estado, do monopólio da administração da Justiça: é conferida ao membro da comunhão social (inclusive, à evidência, ao próprio Estado), em contrapartida, o direito de invocar a prestação jurisdicional, relativamente a determinado interesse em conflito com o de outrem.

[140] Mauro Cappelletti e Bryant Barth, Acesso à justiça, Porto Alegre, Fabris, 1988, p. 12.

ção Brasileira a cuidar de sua proteção foi a Constituição de de 1946, em seu artigo 141, § 4º, recebendo também guarida sob a égide da Carta de 1967, através do artigo 150, § 4º, e da Emenda Constitucional nº 1, no artigo 153, § 4º.

A atual Constituição conferiu proteção, através do artigo 5º, inciso XXXV: "a lei não excluirá da apreciação do Poder Judiciário lesão ou ameaça de direito".

É importante salientar que a proteção do acesso ao Poder Judiciário vai surgir justamente na Constituição de 1946, tida como democrática. Deve ser observado que justamente sob a égide da Constituição democrática anterior de 1934 é que foi instituída a ação popular. Assim, Constituições com origem na participação da sociedade fomentam institutos democráticos.

Conclui-se no sentido de que, quando se reconhece uma ação jurisdicional para coibir ato administrativo lesivo aos cofres públicos, não se está somente protegendo o interesse do cidadão, mas de toda a coletividade, que pode exigir o cumprimento dos preceitos constitucionais que regem a administração pública.

3.7.5. A proteção ao patrimônio público como interesse difuso

Se os direitos fundamentais com o seu cunho individualista estão ligados, enquanto fato histórico, à Revolução Francesa, os direitos sociais, à Revolução Industrial, os interesses coletivos desenvolvem-se, principalmente, com a sociedade de massa. Um determinado direito emerge tendo em vista determinada sociedade em um dado momento histórico. Assim, afirma Cerqueira[141] que na França, em 1789, a burguesia possuía dinhei-

---

[141] Marcelo Cerqueira, *A Constituição na História - Origem e Reforma*, Rio de Janeiro, Revan, 1993.

ro, mas não tinha direitos, fez com que ocorresse a Revolução Francesa, da qual decorreu a Declaração de Direitos do Homem e do Cidadão, marco importante na civilização moderna, quando o indivíduo passou de forma organizada a poder opor direitos com relação aos outros cidadãos e ao próprio Estado. Dessa forma, a Constituição norte-americana que havia sido editada em 1787 ganha a sua primeira emenda com o objetivo de lhe acrescentar os direitos humanos. Surgem, então, as primeiras dez emendas à Constituição, nos Estados Unidos da América, em 1789[142].

Os direitos individuais de tão grande importância - direito à liberdade, à igualdade, à propriedade e à vida -, porém, têm um cunho eminentemente formal e não foram por si só suficientes. Foi necessária, então, com a chegada do século XIX e a industrialização, uma maior explicitação dos direitos.

A primeira Constituição a se ocupar do conteúdo político-social foi a Constituição Mexicana, de 1917. Essa Constituição dispôs a respeito de garantias sociais, protegendo expressamente o direito à educação e à cultura. Intituiu o *juicio constitucional de amparo*, com o objetivo de proteger a liberdade e os direitos ou garantias individuais, segundo Alberto Trueba Urbina[143].

Importante papel teve, também, a Constituição de Weimer[144], em 1919, na Alemanha, quando imprime caráter compromissório nas Constituições. Passa-se, então, a uma nova etapa do constitucionalismo - constituições diretivas. As constituições perdem as caraterísticas anteriores do liberalismo (constituições que apenas se-

---

[142] *Textos Constitucionales*, Miguel A. Aparicio Pérez, Coord. Barcelona, EUB, 1995, p. 23, onde comenta na nota n° 1. As dez primeiras emendas foram votadas pelo Congresso (em 25/9/1789) e, conforme o art. 5° da Constituição, entraram em vigor em 15/12/1791, com a ratificação de 11 Estados sobre 14.

[143] Alberto Trueba Urbina, *La primera constitución político-social del mundo - Teoria y proyección*, México, Editorial Porrua, 1971.

[144] *Textos Constitucionales*, op. cit., pp. 33/61.

param os poderes do Estado e declaram direitos) e passam a traçar compromissos do Estado para com a sociedade, nos âmbitos político, social e econômico[145].

Assim, não era mais suficiente assegurar a igualdade de forma genérica, mas sim colocar a proibição de discriminação de salários, quando se tratassem das mesmas funções, trabalho realizado por pessoas de sexos diferentes etc., o que veio a ocorrer principalmente neste século. A necessidade de garantir um patamar mínimo para o salário, bem como assegurar proteção previdenciária. Dá-se, então, a dita materialização dos princípios, podendo se dizer a sua explicitação, ocorrendo o que se costuma definir como a igualdade em sentido material. Se, por um lado, é necessário estatuir a igualdade de todos perante a lei (artigo 5º, *caput*, da Constituição Federal), tal não é mais por si só suficiente, sendo necessário esclarecer como se dará esta igualdade (por exemplo: artigo 5º, inciso I, da CF) e no tocante aos direitos sociais (artigo 7º, incisos XXX, XXXI, XXXII, XXXIV e XXXVIII, da CF).

Por outro lado, o crescimento da sociedade fez com que as demandas perdessem o cunho individualista e adquirissem o contorno característico da sociedade de massa. O conflito estabelecido entre um número, por vezes indeterminável, de pessoas, haja vista os problemas envolvendo consumidores e meio-ambiente. Mauro Cappelletti[146], com muita propriedade, colocou a questão quando abordou a complexidade da sociedade contemporânea e a insuficiência de uma tutela meramente individual. Desta forma, considerando que nas situações da vida contemporânea os conflitos são massificados, o direito deve com eles se preocupar, visando a regulá-los

---

[145] Jorge Miranda, *Manual de Direito Constitucional*, tomo I, 4ª ed., Coimbra Ed., 1990, p. 206.

[146] Mauro Cappelletti, Formações sociais e interesses coletivos diante da Justiça Civil, *Revista de Processo*, nº 5, ano 2, janeiro/março de 1977, pp. 130/1.

e oferecer-lhes uma tutela coletiva, na busca de uma solução jurídica.

Prossegue Cappelletti[147]: *"Os direitos e os deveres não se apresentam mais, como nos Códigos tradicionais, de inspiração individualística-liberal, como direitos e deveres essencialmente individuais, mas metaindividuais e coletivos"*. Tal assertiva é evidentemente verídica, pois o Código Civil Brasileiro de 1916, concebido sob esta orientação, recebeu inovações através do Código de Proteção e Defesa do Consumidor (Lei nº 8.078/90), que eclodiu principalmente com a diretriz do artigo 5º, inciso XXXII, da Constituição Federal. Assim, as relações entre as partes não teriam mais o cunho nitidamente individual-privatístico, mas ganhariam a característica de normas de ordem pública, contemplando a produção ao consumidor em sua forma individual, individual homogênea, coletiva e difusa. Da mesma forma, o Estatuto da Criança e do Adolescente, conhecido popularmente como ECA (Lei nº 8.069/90), veio a amparar não só a criança e o adolescente de uma forma individual, mas se propondo a medidas de cunho coletivo.

A primeira guarida constitucional na área do patrimônio público foi a ação popular, que veio prevista na Constituição de 1943 e foi incorporada ao constitucionalismo brasileiro, encontrando-se até hoje na atual Constituição, conforme visto no item 2.2.5.

Importante marco em matéria de direito processual foi a Lei da Ação Civil Pública (Lei nº 7.347/85), que veio imprimir novos contornos à teoria da ação, fazendo com que as lides previstas tradicionalmente pelo Código de Processo Civil de cunho individual tivessem o condão de tutelar pretensão de coletividades. É aquilo que Cappelletti[148], com muita felicidade, sintetizou: *"... as velhas regras e estruturas processuais* em questão de legiti-

---

[147] Cappelletti, op. cit., p. 131, grifos nossos.

[148] Cappelletti, op. cit., p. 147, grifos nossos.

mação e interesse de agir, de representação e substituição processual, de notificação, e em geral, de direito ao contraditório, de limites subjetivos e objetivos da coisa julgada, *caem como um castelo de cartas*".

A lei de ação civil pública conferiu proteção ao direito ao meio ambiente, ao consumidor, a bens e direitos de valor artístico, estético, histórico, turístico e paisagístico, *a qualquer outro interesse difuso ou coletivo* e por infração da ordem econômica.

Assim, na proteção a qualquer outro interesse difuso ou coletivo é que se enquadra a proteção ao patrimônio público[149]. Portanto, se no tocante à matéria tutelada em geral são legitimados o Ministério Público, pela União, pelos Estados e municípios, bem como por autarquia, empresa pública, fundação, sociedade de economia mista e associação desde que esteja constituída há pelo menos um ano e inclua dentre os seus objetivos a proteção dos bens, objetos possíveis de ação civil pública, conforme estabelece o artigo 5º, incisos I e II, da Lei nº 7.347/85.

É importante conjugar os aludidos dispositivos com o que estabelece o artigo 129, inciso III, da Constituição Federal, onde expressamente está disposto que são funções institucionais do Ministério Público:

"Art. 129. (...)

III - promover o inquérito civil e a ação civil pública, para *a proteção do patrimônio público e social*, do meio ambiente e de outros interesses difusos e coletivos;" (grifos nossos).

---

[149] A Lei da Ação Popular (nº 4.717/65), em seu artigo 1º, § 1º, conceitua o patrimônio público como sendo "os bens e direitos de valor econômico, artístico, estético, histórico ou turístico", que deve ser interpretado em consonância com o artigo 37, *caput*, da CF, onde são estabelecidos os princípios que regem a Administração Pública. Estando o Princípio da Moralidade em sede constitucional, pode-se sustentar que o patrimônio da administração não é apenas material, constituindo-se, também, em patrimônio moral.

Desta forma, resta inconteste que o Ministério Público deve se valer da ação civil pública para a defesa do patrimônio público. Possuindo tal atribuição que uma Associação a toda evidência não tem.

A defesa do patrimônio público resta reforçada pelo artigo 25, inciso IV, letra *b*, da Lei nº 8.625/93 (Lei Orgânica do Ministério Público), onde consta como função do Ministério Público:

"Art.25 - Além das funções previstas nas Constituições Federal e Estadual, na Lei Orgânica e em outras leis, incumbe, ainda, ao Ministério Público:
(...)
IV - promover o inquérito civil e a ação civil pública, na forma da lei:
(...)
b) *para a anulação ou declaração de nulidade de atos lesivos ao patrimônio público ou à moralidade administrativa do Estado ou do município, de suas administrações indiretas ou fundacionais ou entidades privadas de que participem;* (...)" (grifos nossos).

Assim, resta induvidosa a legitimidade do Ministério Público para a propositura de ações que visem à declaração de nulidade de atos praticados com improbidade administrativa.

Importante avanço, quando se trata da matéria de improbidade, foi a Lei nº 8.429/92[150], que veio a coibir a prática de atos ímprobos. Tal legislação foi elaborada, em atenção ao artigo 37, § 4º, da Constituição Federal.

O artigo 37, *caput*, da Constituição Federal representou importante inovação, visto que colocou em sede constitucional os princípios que regem a administração pública, notadamente a moralidade que se encontra aí

---

[150] As leis que anteriormente regiam a matéria eram as Leis de nº 3.502, de 21/12/58 (D.O.U. de 21/12/58) conhecida como Lei "Bilac Pinto", e a de nº 3.164, de 1º/6/57 (D.O.U. de 4/6/7), que foram revogadas em virtude da Lei nº 8.429/92.

positivada, e no artigo 5º, inciso LXXIII, da Carta Magna, que trata sobre ação popular (dispondo expressamente sobre a moralidade que a Constituição anterior não contemplava).

Indaga-se, então, depois de tudo o que já foi discorrido, como se classifica a proteção ao patrimônio público: configura-se um direito público subjetivo ou se está perante um interesse jurídico?

A Constituição quando se ocupou do direito ao consumidor (artigo 170, inciso V) ou do direito ao meio ambiente ecologicamente equilibrado (artigo 225) foi expressa ao denominar direito. Não repetiu a mesma fórmula no disposto através do artigo 37, *caput* e § 4º, conjugando-se com os artigos 5º, inciso LXXIII, e 129, inciso III, já que deixou de referir direitos. Reconhece-se a proteção ao interesse por meio das ações, porém não há direito próprio do agente. Configura-se, então, um interesse de natureza difusa, já que pertencente a um número indeterminado de indivíduos. A legislação tem se ocupado, cada vez mais, em conferir ações para proteção ao patrimônio público, conforme se constata da evolução da ação popular, ação civil pública e ação ordinária de improbidade administrativa. Desta forma, configura-se um interesse jurídico, porém seria falta de precisão terminológica denominar direito público subjetivo, uma vez que não há o enunciado expresso do direito no texto constitucional, e a defesa do erário ocorre porque o interesse difuso da população foi atingido. Não se viola especificamente o direito de ninguém em particular, mas o interesse de toda uma comunidade.

Seabra Fagundes[151] aponta que, concernente ao direito subjetivo, aspecto importante é o da "individualização", o interesse deve ser direto. "Há sem dúvida um direito subjetivo do indivíduo à legalidade do ato administrativo, como decorrência da submissão do Poder

---

[151] Seabra Fagundes, op. cit., nota de rodapé nº 2, p. 201; e na edição posterior, 5ª ed., 1979, p. 170.

Executivo à ordem jurídica. Mas este direito só existe quando o ato o atinja individualmente. Não quando a legalidade possa lhe interessar remotamente como cidadão". Aponta a *ação popular* que enseja ajuizamento e pedido contra a Administração Pública, sem que o autor seja titular de um direito próprio lesado por ato administrativo. A lesão dirá respeito à pessoa jurídica, cujo patrimônio se tem como lesado. *O direito subjetivo que se faz valer é dessa e não do autor*. Assim, quando o cidadão intenta a ação popular, o faz no uso de um direito público subjetivo, o direito à ação.

Concernentemente à ação popular, cujo tema interessa amiúde a este trabalho, discordo quando o autor assevera que "o direito subjetivo que se faz valer é dessa (pessoa jurídica) e não do autor" e, mais, que o único direito subjetivo que se faz valer é o direito à ação.

Faz-se, a propósito, duas considerações. Em primeiro lugar, o direito de acesso ao Judiciário é condição para a defesa de todo direito ou interesse, conforme anteriormente explanado (no item 7.4).

Em segundo, entendo que o cidadão tem interesse de exigir que a administração haja em obediência ao Princípio da Legalidade quando da prática de seus atos. Não é o mero direito de acesso à justiça que aí se implementa, mas também o interesse que tem o cidadão de fiscalizar os atos que causem lesão ao patrimônio público, *in casu*, por meio da ação popular. Patrimônio público que não pertence individualmente a ninguém, pois é de toda a coletividade. O interesse é do cidadão, e não direito pertencente à pessoa jurídica, pois a própria lei da ação popular permite que a entidade lesada ingresse no pólo ativo ou pode abster-se de contestar o pedido, conforme artigo 6º, § 3º, da Lei nº 4.717/65[152].

---

[152] Lei nº 4.717/65 - Art. 6, § 3º, "A pessoa jurídica de direito público ou de direito privado, cujo ato seja objeto de impugnação, poderá abster-se de contestar o pedido, ou poderá atuar ao lado do autor, desde que isso se afigure útil ao interesse público, a juízo do respectivo representante legal ou dirigente."

Tal redação foi mantida com algumas modificações, por meio do artigo 17, § 3º, da Lei nº 8.429/92[153]. Pode ocorrer que a propositura da demanda seja feita dentro do período da própria administração que praticou o ato, não sendo conveniente a impugnação do mesmo. Nessa hipótese, o interesse da administração seria no sentido contrário ao do autor da lide.

Concorda-se com Seabra Fagundes, quando este diz que "a lei será inoperante por si mesma. É preciso que lhe suceda o ato administrativo de aplicação, a fim de que nasça o direito subjetivo de alguém". E, ainda, que a Administração Pública, a propósito de tais direitos, pode cometer violações por omissão ou ação.

O entendimento de Rodolfo de Camargo Mancuso[154] extrapola ao estatuído no texto legal, quando assevera: "(...) *o direito a uma administração pública proba e eficiente (inc. LXXIII e art. 37)*, o direito ao meio ambiente ecologicamente equilibrado (inc. LXXIII e art. 225), o direito a ser respeitado enquanto consumidor (inc. XXXII e art. 170,V) ."

Rodolfo de Camargo Mancuso faz uma equiparação que, em realidade, a Constituição não realiza. É completamente diferente o tratamento conferido ao meio ambiente e ao consumidor que efetivamente são direitos, e recebem tal tratamento e a denominação do interesse à proteção ao patrimônio público. O citado autor não estabelece, portanto, uma conceituação terminológica precisa.

A ausência de rigor conceitual aparece também em Hely Lopes Meirelles[155], em seus comentários à lei da

---

[153] Lei nº 8.429/92 - Art. 17, § 3º: "No caso da ação principal ter sido proposta pelo Ministério Público, a pessoa jurídica interessada integrará a lide na qualidade de litisconsorte, devendo suprir as omissões e falhas da inicial e apresentar ou indicar os meios de provas de que disponha."

[154] Rodolfo de Camargo Mancuso, *Ação Popular*, 2ª ed., São Paulo, Ed. RT, 1996 (Controle jurisdicional dos atos do estado, vol. 1),p. 22, grifos nossos e do autor.

[155] Hely Lopes Meirelles, *Mandado de Segurança, Ação Popular e Ação Civil Pública*, 11ª ed., São Paulo, RT, 1987, pp. 89/90, grifos do autor.

ação popular, onde assevera que "todo o cidadão tem direito subjetivo ao governo honesto". Ao estabelecer a diferença entre mandado de segurança e ação popular, afirma que naquela se "defende direito próprio; por esta se protege o interesse da comunidade, ou como modernamente se diz, os interesses difusos da sociedade". Desta forma, o autor foi impreciso ao se referir a direito subjetivo do cidadão quando faz uso da ação popular. Na passagem posterior, porém, apontou com muita propriedade a diferença entre mandado de segurança onde há direito subjetivo e na ação popular em que há interesse difuso.

Merece ser referida a precisão terminológica de Barbosa Moreira[156], quando indica que, através da ação popular, faz-se a tutela dos interesses difusos graças à extensão dada pelo legislador ao patrimônio público. Saliente-se que o artigo foi escrito antes da lei da ação civil pública, motivo pelo qual inexiste alusão a essa.

Oportuno destacar outra posição que é defendida pelo Prof. argentino José Roberto Dromi, uma vez que não coincidente com as anteriormente referidas neste trabalho, onde após fazer uma análise comparativa nos diversos países , no tocante ao *direito público subjetivo* e *interesse legítimo*, conclui que *não há diferença essencial*. A falta de precisão terminológica quanto aos conceitos nos países está a indicar que inexistem critérios diferenciadores de fundo, havendo alterações em virtude de determinadas opções legislativas. Essas diversas categorias jurídicas seriam o *fracionamento das liberdades públicas* do indivíduo frente ao Estado. Por isso, Dromi propugna o direito subjetivo como uma *categoria jurídica unitária*[157]. Para o autor, todas essas categorias são sempre as mesmas, ocorrendo variações somente quanto aos "títu-

---

[156] José Carlos Barbosa Moreira, *in Revista Forense* vol. 276, p. 1, out/dez, 1981.

[157] José Roberto Dromi, *Derecho Subjetivo y Responsabilidad Pública*, Madrid, Editorial Grouz, 1986, p. 58.

los jurídicos"[158]. Através da superação dessas falsas diferenças terminológicas, segundo o autor, chegar-se-ia a uma proteção mais efetiva ao administrado[159].

Apesar da riqueza dos argumentos expostos por Dromi e a tendência atual que ele está a representar[160], o fato é que as diferenças existem no ordenamento jurídico, não bastando uma simples equiparação doutrinária para unificá-las. Um conceito por demais amplo - embora com ele se busque um propósito nobre de ampliar a tutela ao cidadão - pode conduzir a uma redução conceitual possível de esvaziar-se. As diferenças entre direito e interesse existem, quer no âmbito da legislação, quer no âmbito das garantias desses.

Assim, tem-se que não existe um direito público subjetivo à administração proba e eficiente, uma vez que não há um dispositivo legal a assegurar tal direito, e o indivíduo isoladamente não pode defendê-lo. Caracteriza-se, então, dessa forma, um interesse de natureza difusa, uma vez que pertencente a todo o cidadão em geral e a nenhum em particular.

---

[158] Dromi, op. cit., p. 61.

[159] Dromi, op. cit., p. 70.

[160] José Bermejo Vera, *in Prólogo*, op. cit., p. IX, asseverando que as tendências atuais negam a diferença essencial entre direito subjetivo e interesse legítimo, citando E. García de Enterria e A. Nieto.

4. Controle Judicial dos Atos Administrativos

4.1. A POSIÇÃO DE SEABRA FAGUNDES

Certamente uma das obras de maior relevo na doutrina brasileira concernente ao controle dos atos administrativos pelo Poder Judiciário é a obra de Seabra Fagundes. Desde antes da Constituição de 1946,[161] o autor já apontava para a importância do referido controle, que, com o decorrer dos anos, passou a ser tutelado de forma mais eficaz pela legislação. Considerando que a presente dissertação aborda um dos aspectos tratados pelo autor, não se poderia deixar de mencioná-lo.

4.1.1. Formas de controle

A atividade da administração pública deve se pautar de acordo com a lei, ou seja, pelo princípio da legalidade.

Aponta Seabra Fagundes[162] um sistema tríplice de controle, a fim de assegurar a submissão da ordem jurídica ao Princípio da Legalidade, quais sejam: o admi-

---

[161] Seabra Fagundes, *O controle dos atos administrativos pelo Poder Judiciário*, 1ª ed., 1941.

[162] Seabra Fagundes, op. cit., p. 101.

TÊMIS LIMBERGER

nistrativo (consiste no autocontrole dentro da própria administração pública, quando age *ex officio*), o legislativo (controle político, por meio da elaboração orçamentária) e o jurisdicional, do qual, a seguir, tratar-se-á de forma mais amiúde.

Nas ocasiões em que o Poder Judiciário interfere em lides travadas entre a Administração e o cidadão, dá-se o controle jurisdicional dos atos administrativos.

O controle judicial dos atos administrativos é uma forma de zelar pela obediência da Administração ao ordenamento jurídico. Assim, em um Estado de Direito, tanto a seara pública quanto a privada subordinam-se ao princípio da legalidade.

A Magna Carta estabelece em seu artigo 5º, inciso II, que se constitui em direito fundamental do indivíduo o Princípio da Legalidade, isto é, somente lhe será exigível determinada conduta em virtude de lei. Assim, o cidadão tem esse princípio para opor aos atos de eventual arbitrariedade que o Estado ou os particulares possam lhe causar.

Em contraposição, é dever da Administração a obediência ao Princípio da Legalidade, previsto no artigo 37, *caput*, da Constituição Federal. Através dele, a administração tem de pautar toda a sua atividade.

Da mesma forma, o particular, quando contrata ou promove qualquer outra relação jurídica com a Administração, também deve sujeitar-se ao Princípio da Legalidade. Trata-se de uma relação jurídica de direito público; logo, não pode uma das partes pautar-se por regras próprias-privatísticas.

Seabra Fagundes[163] destaca a importância do controle judicial especialmente nos países presidencialistas, visto que nos de matriz parlamentarista o parlamento exerce importante controle dos atos do Executivo.

---

[163] Seabra Fagundes, op. cit., p. 108.

Salienta com muita propriedade Seabra Fagundes[164] que *"no Estado brasileiro ainda mais se acentua a importância do controle jurisdicional sobre os atos administrativos, porque sendo o regime presidencial, caracteriza-se, particularmente, pela supremacia do Poder Executivo sobre o Legislativo, cujo controle sobre aquele é insignificante. Praticamente, no Poder Judiciário está o único elemento fiscalizador das atividades executivas"*.

Dois são os sistemas adotados para o controle jurisdicional dos atos administrativos nos diferentes países. A primeira forma de controle é efetuada pela *jurisdição comum* e consiste no denominado *sistema de jurisdição única*, em que a fiscalização dos atos administrativos incumbe a um único órgão. A segunda forma de controle é realizada pela *jurisdição especial*, o qual é conhecido como *sistema de jurisdição dúplice*, onde a fiscalização é exercida por mais de um órgão (administrativo e judicial), e os atos administrativo se submetem ou não, em pequeno número, ao Poder Judiciário.

A França adota o controle da própria administração sobre os atos do Executivo. Mas, ao contrário do que se poderia pensar, a fiscalização é exercida de modo muito eficaz pelo Conselho de Estado, conforme já visto no item C 4. A separação dos poderes é interpretada de maneira rígida, de modo que o controle do Judiciário sobre os atos do Executivo é visto como uma interferência sobre o mesmo. A origem disso remonta a Revolução Francesa, em que os revolucionários eram desconfiados com os juízes da época, que se mostravam hostis às conquistas populares. Tal redundou na elaboração da Lei de 1790, que proibia os juízes franceses de julgarem demandas em que fosse envolvida a Administração Pública[165].

---

[164] Seabra Fagundes, op. cit., p. 109, grifos nossos.

[165] Conforme Laubadère, Lei nº 7, de 14 de outubro de 1790, op. cit., p. 107. Ver nota nº 85.

Talvez por se viver em um país em que o controle judicial é exercido sobre os atos administrativos, esse parece ser a forma de controle mais eficaz, visto que propicia o controle recíproco entre os poderes. Mormente, porque em nossa história inúmeros são os desmandos administrativos, sendo o Poder Executivo muito suscetível a decisões político-partidárias. Neste aspecto, o Poder Judiciário tem atuado com muita isenção, considerando o ingresso no cargo de juiz, através de concurso (artigo 93, inciso I, da CF), e as garantias conferidas aos membros da magistratura (artigo 95, da CF).

Em nosso país, portanto, vigora a unidade jurisdicional para o controle da Administração Pública. O Legislativo somente tem a possibilidade de fiscalização, impondo sanção, em dois casos: a) nos crimes de responsabilidade do Presidente da República, em que o julgamento compete ao Senado Federal, que deve ser antecedido pela admissão da acusação por parte da Câmara dos Deputados, conforme estatuído no artigo 86 da CF; b) por meio do controle externo exercido pelo Tribunal de Contas, conforme artigo 71 da CF. Saliente-se, que neste último caso, as decisões proferidas pelo Tribunal de Contas podem ser suscitadas perante o Poder Judiciário.

4.1.2. A possibilidade de revisão judicial dos atos administrativos aprovados pelo Tribunal de Contas

A posição de Seabra Fagundes[166] ao discorrer sobre a possibilidade de revisão é dúbia. Primeiramente assevera que, se o julgamento do Tribunal de Contas pudesse dar ensejo à nova apreciação por parte do Poder Judiciário, "o seu pronunciamento resultaria em mero e

---

[166] Seabra Fagundes, op. cit., 5ª ed., p. 138.

inútil formalismo". Conclui, por isso, que a decisão do Tribunal de Contas é conclusiva, carecendo o Judiciário de poderes para examiná-la. Cita o autor a posição de Pontes de Miranda[167], segundo o qual caso o Tribunal de Contas julgasse, e outro juiz rejulgasse, tratar-se-ia de "um absurdo *bis in idem.*

Em passagem posterior[168], o autor estatui que o julgamento efetuado pelo Tribunal de Contas não tem função judicante, visto que é atribuição materialmente administrativa.

Embora Mancuso[169] aponte limites estreitos à revisão judicial de atos aprovados pelo Tribunal de Contas, não se concorda com a opinião do autor. Ele reconhece que o assunto é passível de controvérsia, mas se posiciona no sentido de que a revisão somente poderá ser realizada no concernente à imputação de relevante irregularidade formal ou manifesta, ilegalidade/inconstitucionalidade, compreendido neste binômio a ofensa a direito ou garantia individual. Caso o autor de ação popular pretenda a modificação do mérito da decisão da Corte de Contas, para o citado doutrinador, há carência de ação por impossibilidade jurídica do pedido, já que ao Poder Judiciário falece atribuição para revisão.

Crê-se que sob a égide da atual Constituição não tem como prosperar esse entendimento. Da análise do princípio constitucional da garantia de acesso à justiça (artigo 5º, inciso XXXV, da CF) e da separação dos poderes (artigo 2º, da CF) não se tem como sustentar essa posição. O mandamento constitucional é taxativo quando assevera que nenhuma lesão a direito pode ser excluído do Poder Judiciário. O Princípio da Separação dos Poderes é modernamente compreendido como a

---

[167] Seabra Fagundes, op. cit., 5ª ed., p. 138, nota nº 5, onde cita os *Comentários à Constituição de 1946*, de Pontes de Miranda, vol. II, p. 95.

[168] Seabra Fagundes, op. cit., 5ª ed., p. 139.

[169] Rodolfo de Camargo Mancuso, *Ação Popular, Controle Jurisdicional dos atos do Estado*, vol. 1, Ed. RT, São Paulo, 1993, p. 77.

divisão das funções do Estado e controle recíproco que se exerce entre os Poderes. Não há, pois, interferência de um Poder sobre o outro, mas a fiscalização normal, que é inerente ao Estado Democrático de Direito. Aliás, o próprio doutrinador - Montesquieu -, que é considerado como o precursor da doutrina conhecida como *Separação dos Poderes*, em momento algum de sua obra utilizou a expressão *separação*. Há, ainda, de se considerar que no Brasil a jurisdição é una e não se tem a figura do contencioso administrativo. Na França, em que é expressamente proibida a revisão judicial, o controle se realiza pelo Conselho de Estado, há a dualidade de jurisdição e o contencioso administrativo. Assim, a adoção de solução oriunda do direito comparado sem que se atente nas especificidades de nosso direito pode se mostrar nefasta. Por derradeiro, os órgãos que integram o Poder Judiciário estão elencados no artigo 92 da CF, dentre os quais não se encontra o Tribunal de Contas. Desta forma, entende-se que a revisão judicial dos atos emanados do Tribunal de Contas é possível no direito brasileiro.

4.2. ASPECTOS POLÊMICOS

4.2.1. Atos discricionários, conceitos jurídicos indeterminados e atos vinculados

Quanto à classificação dos atos administrativos, uma das mais importantes é no tocante ao grau de liberdade conferido ao administrador para a sua prática. Através desse aspecto, a doutrina brasileira divide os atos administrativos em vinculados e discricionários.

Os administrativistas pátrios, em sua maioria, não fazem a importante distinção entre poder discricionário e conceitos jurídicos indeterminados[170]. Talvez isto ocor-

---

[170] Dentre nós, estabelecendo somente a distinção entre ato discricionário e

ra porque "... o conceito discricionário (poder discricionário) é um dos conceitos mais plurissignificativos e mais difíceis da teoria do Direito", no entendimento de Karl Engish[171].

O conceito e os limites do poder discricionário são de extrema importância em um Estado Democrático de Direito. A respeito da questão, Enterría vale-se de Hans Huber que enunciou: "O poder discricionário é o verdadeiro cavalo de Tróia no centro do Direito Administrativo em um Estado de Direito"[172].

O conceito indeterminado, segundo Engish[173], é aquele "...conceito cujo conteúdo e extensão são em larga medida incertos". Os conceitos absolutamente determinados no direito são bastante raros e, na maioria das vezes, aparecem ligados a conceitos numéricos (exemplo: prazo de 24 horas, velocidade de 80 Km/h). A maioria dos conceitos jurídicos é indeterminado, pelo menos parcialmente.

Engish[174] destaca como a primeira característica dos conceitos discricionários a autonomia valorativa conferida ao administrador. Assim, quando a lei confere a possibilidade de escolha entre várias alternativas de fato possíveis, está-se diante do poder discrionário.

---

vinculado, sem referência aos conceitos jurídicos indeterminados, Celso Antônio Bandeira de Mello, *Curso de Direito Administrativo*, 4ª ed., São Paulo, Malheiros Ed., 1993, pp. 203/8; Hely Lopes Meirelles, *Direito Administrativo Brasileiro*, 14ª ed., Ed. RT, 1989, pp. 143/4, e Maria Sylvia Zanella Di Pietro, *Direito Administrativo*, 3ª ed., São Paulo, Atlas, 1992, p.161. Referindo os conceitos jurídicos indeterminados e o poder discricionário, temos: Odete Medauar, *Direito Administrativo Moderno*, São Paulo, Ed. RT, 1996, pp.127/8, e Diogo de Figueiredo Moreira Neto, *Curso de Direito Administrativo*, 11ªed., Rio de Janeiro, Forense, 1996, pp. 170/1.

[171] Karl Engish, *Introdução ao Pensamento Jurídico*, 6ª ed., Lisboa, Fundação Calouste Gulbenkian, 1988, p. 214.

[172] Eduardo García Enterría, *La lucha contra las inmunidades del Poder en el derecho administrativo*, 3ª ed., 2ª reimpressão, Madrid, Editorial Civitas, 1995, p. 24, citando Hans Huber, *Niedergang des Rechts und Krise des Rechtsstaat*, en Festgabe für Z. Giacometti, Zürich, 1953, p. 66.

[173] Karl Engish, op. cit., p. 208

[174] Engish, op. cit., p. 214.

Uma das contribuições mais importantes da ciência jurídica alemã dos últimos tempos é a diferença entre discricionariedade e conceitos jurídicos indeterminados, segundo Enterría[175].

Forsthoff analisa com profundidade a distinção entre poder discricionário, conceitos jurídicos indeterminados e atos de aplicação.

No entendimento de Forsthoff[176], a lei deixa ao administrador uma *liberdade de ação*, em muito superior à que é concedida à atividade judicial.

Prossegue o autor[177], acima citado, estabelecendo a distinção entre poder discricionário e conceitos jurídicos indeterminados. Assim, quando se está perante a eleição entre formas de comportamento igualmente possíveis, tem-se o *poder discricionário*. Possibilidade jurídica significa dizer que o direito não dá a nenhuma dessas formas de comportamento uma preferência sobre a outra. O limite para a escolha é sempre a lei.

Algumas vezes, os limites são estabelecidos por meio de conceitos previstos na própria lei, sem estarem com o conteúdo completamente estabelecido, e, então, tem-se *os conceitos jurídicos indeterminados*. Cita-se, como exemplo: bem comum, utilidade pública, ordem pública, segurança pública, adequação etc.

As operações necessárias para dar um conteúdo concreto aos conceitos jurídicos indeterminados não se constituem em atividade discricionária. Nesses casos, assevera Forsthoff[178], a norma jurídica não deixa à administração a eleição entre as várias possibilidades de comportamento. Ao contrário, somente há um tipo de comportamento que atenderá ao fim estatuído em lei.

---

[175] Eduardo García Enterría, *La lucha contra las inmunidades del Poder en el derecho administrativo*, 3ª ed., 2ª reimpressão, Madrid, Editorial Civitas, 1995, pp. 32/3.

[176] Forsthoff, op. cit., p. 121, grifos nosso.

[177] Idem, p. 122.

[178] Idem, p. 125.

Atinente aos limites do poder discricionário, pode-se afirmar que significa: *a concessão de uma liberdade de atuação à autoridade administrativa dentro dos limites da lei.* Na síntese de Forsthoff[179], pode-se asseverar que: o ordenamento jurídico presta validade jurídica a todo o meio considerado como adequado para a realização do valor de que se trate.

Além do limite legal, Forsthoff[180] estabelece um outro parâmetro a que se encontra submetido o poder discricionário, qual seja: *a moralidade administrativa.* A submissão à moral administrativa significa dizer que a administração não pode agir nem caprichosa nem arbitrariamente. Assim, pode-se dizer que uma atividade é caprichosa quando está determinada exclusivamente por considerações subjetivas, sem conexão com fins objetivos. A forma arbitrária ocorre quando o administrador age determinado por motivos estranhos ao assunto. A arbitrariedade foi desenvolvida pelo direito francês através da figura do *desvio de poder.*

Enterría[181], com muita propriedade, estabelece a distinção entre discricionariedade e conceitos jurídicos indeterminados. Desta forma, a discricionariedade é essencialmente uma liberdade de eleição entre alternativas igualmente justas, ou seja, entre critérios extrajurídicos (de oportunidade, econômicos etc.), não previstos na lei, e conferidos ao critério subjetivo do administrador. Os conceitos jurídicos indeterminados constituem-se em um caso de aplicação da lei, já que se trata de subsumir em uma categoria legal.

No tocante aos *atos de aplicação,* ocorrem quando a Administração aplica normas jurídicas, por isso é denominada de administração vinculada[182]. A interpretação

---

[179] Forsthoff, op. cit., pp. 136/7.

[180] Forsthoff, op. cit., pp. 138/9.

[181] Eduardo García de Enterría e Tomás-Ramón Fernández, *Curso de Direito Administrativo,* São Paulo, Ed. RT, 1990, p. 394.

[182] Forsthoff, op. cit., pp. 141/3.

conferida ao administrador é mais restrita do que as outras espécies antes referidas, a lei tem um determinado sentido. A doutrina brasileira, ao se referir aos atos de apliçação, utiliza-se da expressão atos vinculados[183].

Das considerações anteriormente feitas, tem-se que nos atos vinculados e nos conceitos jurídicos indeterminados a lei estreita a atividade administrativa; já que uma única solução é possível nestes, naqueles limita-se a operacionalizar o estatuído em lei. Nos atos discricionários, a parcela de liberdade conferida por lei é maior, motivo pelo qual a moralidade também deve presidir a escolha feita pelo administrador.

4.2.2. Mérito administrativo e Princípio da Legalidade

Antes de começar a tratar dos limites do controle jurisdicional do mérito administrativo, é necessário, ainda que perfunctoriamente, conceituar mérito administrativo.

A idéia de mérito, ainda que de difícil conceituação, aparece sempre ligada à idéia de valoração subjetiva do administrador e na prática dos atos discricionários.

Neste sentido, a doutrina de Seabra Fagundes[184]:

"(...) O mérito está no sentido político do ato administrativo. É o sentido dele em função das normas da boa administração. Ou, noutras palavras: é o seu sentido como procedimento que atende ao interesse público, e, ao mesmo tempo, o ajusta aos interesses privados, que toda a medida administrativa tem de levar em conta. Por isso exprime sempre um juízo comparativo."

---

[183] Atos vinculados, conforme nota nº 145.

[184] Seabra Fagundes, O conceito de mérito no direito administrativo, *in RDA* vol. 23 pp. 1 e 2.

Segundo o entendimento de Seabra Fagundes dentro do terreno da gestão política, que é função típica do administrador, não é dado ao juiz interferir, já que isto faria com que o Judiciário se substituísse ao Executivo. Essa liberdade de decisão é onde radica a responsabilidade do poder político - por meio do administrador, responsabilidade essa que não está afeta ao juiz, que não pode pretender se substituir ao administrador, conforme enuncia Enterría[185].

Esses aspectos são resumidos freqüentemente pela doutrina no binômio *oportunidade e conveniência*.

Posteriormente, o citado autor[186] afirma categoricamente que *o mérito, como elemento do ato administrativo, somente existe nos atos discricionários*. Nos casos em que a Administração pratica ato vinculado, o conteúdo político (mérito) se encontra esgotado, já que a opção coube anteriormente ao legislador, cumprindo ao administrador tão-somente efetivar a solução adredemente enunciada.

Conceito semelhante formula Hely Lopes Meirelles[187], que assevera seguir a lição de Seabra Fagundes.

Quanto ao mérito administrativo e aos limites do controle pelo Poder Judiciário, a doutrina brasileira de uma maneira geral se posiciona no sentido de que: "Ao

---

[185] Enterría, *La lucha contra las imunidades del poder*, op. cit., pp. 48/9.

[186] Seabra Fagundes, op. cit., pp. 6 e 10.

[187] Hely Lopes Meirelles, *Direito Administrativo Brasileiro*, 14ª ed., São Paulo, Ed, RT, 1989, p. 115, "a ilegitimidade, como toda fraude à lei, vem quase sempre dissimulada sobre as vestes da legalidade. Em tais casos é preciso que a Administração ou o Judiciário desçam ao exame dos motivos, dissequem os fatos e vasculhem as provas que deram origem à prática do ato inquinado de nulidade. *Não vai nessa atitude qualquer exame do mérito administrativo*, porque não se aprecia a conveniência, a oportunidade ou a justiça do ato impugnado, mas unicamente a sua conformação, formal e ideológica, com a lei em sentido amplo, isto é, com todos os preceitos normativos que condicionam a atividade pública, firmado que a anulação do ato administrativo só pode ter por fundamento a sua *ilegitimidade* ou *ilegalidade*, isto é, a sua invalidade substancial e insanável por infringência clara ou dissimulada das normas e princípios legais que regem a atividade do Poder Público, (...)"(grifos nossos e do autor).

Poder Judiciário é vedado apreciar, no exercício do controle jurisdicional, o mérito dos atos administrativos. Cabe-lhe examiná-los, tão-somente, sob o prisma da legalidade. Este é o limite do controle, quanto à extensão", assevera Seabra Fagundes[188].

No mesmo sentido, Hely Lopes Meirelles[189] e Celso Antônio Bandeira de Mello[190] asseveram que a real discricionariedade constitui-se no mérito administrativo e, por conseguinte, é insindicável pelo Judiciário.

Posição mais ousada é defendida por Di Pietro[191], para quem não se pode negar a veracidade da afirmação de que ao Judiciário é vedado controlar o mérito (abrangendo os aspectos políticos de conveniência e oportunidade). " O que não é aceitável é usar-se o mérito como escudo à atuação judicial em casos que, na realidade, envolvem questões de legalidade e moralidade administrativas. É necessário colocar-se a discricionariedade em seus devidos limites, para impedir as arbitrariedades que a Administração Pública pratica sob o pretexto de agir discricionariamente em matéria de mérito".

Seguindo a conclusão de Seabra Fagundes, no sentido de que o aspecto moral integra a discricionariedade do ato administrativo e em havendo dispositivo legal que determina o controle jurisdicional. Tem-se, então, nesse aspecto, que a discricionariedade não é mais tão intocável, seguindo a esteira de seu próprio pensamento.

---

[188] Seabra Fagundes, op. cit., p. 145.

[189] Hely Lopes Meirelles, *Direito Administrativo Brasileiro*, 14ª ed., São Paulo, Ed. RT, 1989, p. 181.

[190] Celso Antônio Bandeira de Mello, *Elementos de Direito Administrativo*, 1ª ed., 5ª tiragem, São Paulo, Ed. RT, 1986, p. 227,"no interior da margem de liberdade aludida (discricionariedade) - e que compõe o chamado *mérito do ato administrativo - o juízo do administrador é absoluto e impenetrável à investigação judicial*, sob pena de ofensa à própria lei, por implicar um juízo de valor sobre ela, *tarefa estranha à função jurisdicional*" (grifos nossos). Do mesmo autor, a respeito do assunto tratado: "Controle Judicial dos atos administrativos", *in RDP*, vol. 65, pp. 36/7.

[191] Maria Sylvia Zanella Di Pietro, *Discricionariedade Administrativa na Constituição de 1988*, São Paulo, Atlas, 1991, p. 91, grifos nossos.

Há ainda de se considerar, conforme preceitua Antônio José Brandão[192], que a discricionariedade e a vinculação dos atos nunca são absolutas, sendo, portanto, relativas. Desta forma, um ato admite vinculação com relação a certos elementos e desvinculação quanto a outros. "Donde: *o ato administrativo nunca é discricionário no sentido de ser absolutamente arbitrário: a discricionariedade revela-se na ausência de vinculação legal, que nunca é absoluta. (...) No ato que se diz vinculado, há, pelo menos, livre escolha do momento oportuno de o praticar, no ato que se diz discricionário há, pelo menos, vinculação quanto ao fim.* Logo: o exame jurisdicional do ato discricionário é, ainda, exame da legalidade dele".

A tendência moderna, em outros países, demonstra ser no sentido de estreitar o conceito de discricionariedade e de submetê-lo cada vez mais ao Princípio da Legalidade, principalmente na Alemanha, mas ocorrendo até na França e na Itália.

Sérvulo Correia[193] assevera que a doutrina administrativista francesa tem alguma resistência na aplicação do princípio da legalidade, principalmente no tocante à discricionariedade, que se constitui em um dos mais importantes institutos do Direito Francês. De uma maneira geral, o juiz administrativo segue a regra de exercer um controle mínimo, restrito à competência, forma, fim (objetivando averigüar se ocorreu desvio de poder), aos pressupostos de direito e de fato. A jurisprudência acrescentou mais um elemento baseado no erro manifesto de apreciação: verificar se a natureza dos fatos justificou a decisão. Desta forma, a jurisprudência e a doutrina têm procurado circunscrever cada vez mais o conteúdo da discricionariedade administrativa e submetê-la aos ditames da legalidade substancial.

---

[192] Antônio Brandão, Moralidade Administrativa, *in, RDA*, vol. 25, p.466, grifos nossos.

[193] José Manuel Sérvulo Correia, *Legalidade e Autonomia Contratual*, Coimbra, Livraria Almedina, 1987, pp. 72/6 e 758/9.

Modernamente, a doutrina administrativa francesa vem aceitando a limitação da discricionariedade pelo Princípio da Legalidade[194]. Laubadère *et al.*[195], em uma síntese elucidativa, afirmam que o poder discricionário não é subtraído do controle efetuado pelo Princípio da Legalidade, sendo perfeitamente possível conciliá-los.

Sérvulo Correia[196] afirma que no direito administrativo alemão a discricionariedade e os conceitos jurídicos indeterminados são o capítulo mais discutido. A maioria da doutrina alemã contemporânea equaciona a problemática, estruturando a norma jurídica de uma forma dualística. A norma teria dois planos: a previsão ou hipótese - *tabestand* - e a estatuição ou efeitos jurídicos - *rechtsfolge*. Assim, os conceitos jurídicos estariam situados na previsão, e a discricionariedade, na estatuição.

O princípio da proporcionalidade (adequação entre o meio e o fim) tem sido aplicado pelos tribunais, principalmente quando o ato administrativo possa ter violado direitos fundamentais.

Bachof[197] lançou, por volta de 1955, a teoria da margem da livre apreciação, segundo a qual se reserva à administração uma margem para livre apreciação dos pressupostos de sua atuação. Desta forma, o legislador ao estatuir conceitos jurídicos indeterminados, que envolvem conceitos de valor e de experiência, considerou que não era oportuna uma regulamentação mais precisa e concreta. Desta forma, de nada valeria substituir-se o juízo falível da administração pelo não menos falível juízo do tribunal. Desta forma, Bachof considera que nos conceitos jurídicos indeterminados e na discricionarie-

---

[194] Prosper Weil e Dominique Pouyaud, *Le Droit Administratif*, 16e édition, Presses Universitares de France, Paris, 1994, p. 89.

[195] André de Laubadére, Jean-Claude Venezia e Yves Gaudemet, *Droit Administratif*, 15e édition, L.G.D.J., Paris, 1995, p.90.

[196] Sérvulo Correia, op. cit., pp. 109/36.

[197] Bachof *apud* Sérvulo Correia, op. cit., p. 121.

dade existe uma margem de livre apreciação da administração com responsabilidade exclusiva da administração, enquanto poder autônomo do Estado, que deve permanecer livre de interferência dos tribunais.

Num primeiro momento, o Tribunal Constitucional Federal e o Tribunal Federal Administrativo adotaram a teoria da margem da livre apreciação sem reservas. Posteriormente, passaram a reconhecer de uma maneira geral a possibilidade de revisão jurisdicional na aplicação dos conceitos jurídicos pela Administração. Existem alguns tipos de decisões valorativas nas quais se entende que o juiz não pode se substituir ao administrador, segundo Sérvulo Correia[198].

A constituição italiana não enuncia expressamente o Princípio da Legalidade, assevera Sérvulo Correia[199]. Desta forma, o controle da legalidade da discricionariedade é realizado por meio do Princípio da racionalidade ou lógica da administração. Resulta, então, que o ato é inoportuno quando a conduta discricionária seja ilógica.

Enterría[200], ao enunciar as formas de controle dos atos discricionários, aponta para os Princípios gerais do direito (que se constituem na condensação dos grandes valores jurídicos materiais, sendo o substrato do ordenamento). Desta forma, a Administração não está somente submetida à lei, mas também aos Princípios gerais do direito. É por isso que Forsthoff, quando citado por Enterría[201], defende a aplicação dos princípios jurídicos materiais para se estabelecer o equilíbrio entre a liberdade individual e a justiça social pretendida pela Administração como forma de legitimar o Estado de Direito.

---

[198] Sérvulo Correia, op. cit., p.121.

[199] Sérvulo Correia, op. cit., pp. 137 e 761.

[200] Enterría, *La lucha contra las imunidades del poder*, op. cit., p. 42.

[201] Enterría, *La lucha contra las imunidades del poder*, op. cit., p. 45, onde menciona o pensamento de Forsthoff, *The Constitution of Liberty*, London, 1960, nota nº 34, pp. 213/4.

Conclui, ao final, que a Administração não possui poder discricionário contra os direitos fundamentais da pessoa. No tocante às possibilidades de um controle judicial dos poderes discricionários pelos Princípios gerais do direito, pode-se dizer que são extensos. Revelam-se de uma forma direta e operante, tal como o Princípio da Igualdade, ou funcionam como reserva última, onde se encontram os Princípios da Boa-fé, da Proporcionalidade etc.

Enterría[202] relaciona a idéia de democracia e controle judicial dos atos da administração, quando estatui que nenhum regime autoritário facilita o controle judicial de seus atos, nem tampouco reconhece a legalidade como um limite e os direitos dos cidadãos como fundamento desse controle.

Percebe-se, assim, uma tendência nos diversos países de controlar a discricionariedade, por meio do Princípio da Legalidade, de maneira mais ou menos intensa. A sua evolução, porém, é uma constante. Com o aprimoramento do Estado Democrático de Direito e a idéia crescente de controle recíproco entre os poderes, o Poder Judiciário tem realizado importante papel na fiscalização dos atos administrativos, sem pretender, evidentemente, a ele se substituir.

4.2.3. Moralidade e Direito

O princípio da moralidade da administração pública aparece no direito positivo, em sede constitucional, pela primeira vez, na Constituição Federal de 1988. Dele se ocuparam, de forma expressa, o artigo 37, *caput*, e também o artigo 5º, inciso LXXIII, da Carta Magna.

---

[202] Enterría, *Democracia, jueces y control de la administración*, 2ª ed., Madrid, Civitas, 1996, pp. 39/40.

Tal se constitui evidentemente em um grande avanço, visto que o controle jurisdicional pode adentrar na esfera moral de forma mais intensa.

A previsão anterior de questionar a moralidade do ato administrativo era através da ação popular, que tratava do desvio de finalidade, em seu artigo 2º, *e*, da Lei nº 4.717/65.

Apesar de o pensamento de Hans Kelsen ser contrário ao que hoje se assiste no Direito Brasileiro, pela importância da obra *Teoria Pura do Direito*, sua opinião deve ser transcrita. Kelsen pretendeu desenvolver uma teoria jurídica pura, onde fossem retirados todos os elementos ideológicos e políticos e elementos de ciência natural, em que o objeto da ciência jurídica se constituísse na legalidade estrita.

Kelsen[203] coloca ao lado das normas jurídica as normas sociais que possuem um conteúdo eminentemente moral. Discorda da concepção de que o Direito prescreve uma conduta externa, e a Moral, uma conduta interna, pois, segundo o seu entendimento, as normas das duas ordens determinam ambas espécies de conduta. Estatui, após, que a Moral não possui caráter coercitivo, enquanto o Direito tem ordem coercitiva, constituindo-se esta uma das principais diferenças. Há uma exigência de que o Direito deve ser Moral, isto é, justo. Assim, o Direito seria parte da Moral, o que conduziria a uma identificação entre Direito e Justiça. Quanto às questões de relação entre Direito e Moral, não são de conteúdo, mas de forma. Não aceita de modo algum a teoria de que o Direito, por essência, representa um mínimo moral, que uma ordem coercitiva, para poder ser considerada como Direito, tem de satisfazer uma exigência de Moral mínima. Essa exigência conduziria a uma Moral absoluta, pressupondo a existência de uma Moral absoluta, isto

---

[203] Hans Kelsen, *Teoria Pura do Direito*, São Paulo, Livraria Martins Fontes Editora, 1985, pp. 63 e segs.

é, com conteúdo comum a todos os sistemas de Moral positiva. Para o autor, o conceito de moral é relativo, visto que é diferente conforme o momento histórico, a localização de um determinado país, de uma camada da população, e, ainda, o que pode ser moral para um grupo pode ser imoral para outro, considerando-se a mesma época, o mesmo local etc. Quando se distingue que determinada ordem jurídica é justa ou injusta, somente se está a efetuar uma ordem de valores relativos, visto que se compara uma ordem jurídica e um dos sistemas morais e não "a" Moral propriamente dita. Assim, quando uma ordem jurídica é considerada injusta, tendo-se por base determinado sistema moral, tal pode ser considerado justo, tomando-se por critério outro sistema moral. Para Kelsen[204]: "... a validade de uma ordem jurídica positiva é independente de sua concordância ou discordância com qualquer sistema de Moral."

Kelsen, por isso, rejeita a tese de que o Direito, em sua essência, deve ser Moral, porque isso conduziria a uma Moral absoluta, isto é, comum a todos os tempos e locais. De outra maneira não se teria um critério seguro e independente do que é moral. Tal conduziria a aplicação pela jurisprudência dominante de uma legitimação acrítica da ordem coercitiva do Estado em uma comunidade. Conclui o autor[205], no sentido de que " ... a ciência jurídica não tem de legitimar o Direito, não tem de forma alguma de justificar - quer através de uma moral absoluta, quer através de uma Moral relativa - a ordem jurídica que lhe compete - tão-somente - conhecer e descrever."

A tentativa de expungir todos os elementos que não tivessem cunho eminentemente jurídico da ciência do direito, que teve seu expoente máximo na obra de Kelsen, um dos mais consagrados positivistas, começou

---

[204] Kelsen, op. cit., p. 72.

[205] Kelsen, op. cit., p. 75.

a ser questionada por muitos autores no início deste século. Uma das primeiras obras que ganhou notoriedade foi no campo do direito privado, denominada *A regra moral nas obrigações civis*, de autoria de Georges Ripert[206]. O citado autor francês propugnava a aproximação entre o Direito e a Moral, em uma época em que se ensinava a rigorosa separação entre ambos. Atentou que o direito não poderia, na rigidez de suas fórmulas e na generalidade das regras abstratas, oferecer à atividade humana uma regra de conduta maleável e firme ao mesmo tempo. O apelo à moral pode servir aos tribunais para reforçar, atenuar ou esclarecer a regra jurídica. O doutrinador sempre enfatiza a maior influência das idéias morais na jurisprudência do que na legislação[207].

A influência da regra moral adentrou no direito das obrigações com o desenvolvimento da responsabilidade civil (criação do risco), que desenvolveu a idéia do *abuso do direito* como fundamento de responsabilidade, conforme Georges Ripert[208]. A doutrina do exercício abusivo dos direitos representa, então, a primeira inserção da regra moral no campo jurídico.

A entrada da moral na área do direito público vai ocorrer com a figura do *desvio de poder*, que dará ensejo a que se desenvolva, através da criação jurisprudencial, a *moralidade administrativa*.

A primazia do desenvolvimento da moralidade administrativa, no campo doutrinário, deve-se a Hauriou, que, em uma de suas anotações aos acórdãos do Conselho de Estado (caso Gommel, Sirey, 1917, III, 25), desenvolveu a tese audaciosa de que: "A legalidade dos atos jurídicos administrativos é fiscalizada pelo recurso baseado na violação da lei; mas a conformidade desses

---

[206] Georges Ripert, *A regra moral nas obrigações civis*, tradução da 3ª edição francesa por Osório de Oliveira, do original *La règle morale dans les obligations civiles*, São Pauo, Acadêmica -Saraiva, 1937.

[207] Georges Ripert, op. cit., pp. 40/1.

[208] Georges Ripert, op. cit., p. 164.

atos aos princípios basilares da 'boa administração', determinante necessária de qualquer decisão administrativa, é fiscalizada por outro recurso, fundado no desvio de poder, cuja zona de policiamento é a zona da 'moralidade administrativa'", conforme Antônio José Brandão[209].

O conceito de moralidade administrativa, consoante estatui Antônio Brandão[210], só veio a ser expresso na obra de Hauriou *"Précis Élémentaire de Droit Administratif"*, em sua 10ª edição, como sendo: "conjunto de regras de conduta tiradas da disciplina interior da Administração", modificada na próxima edição para "disciplina interna da Administração".

Assim, não basta que o ato deva ser praticado em conformidade com a lei, é necessário que o mesmo se revista de moralidade. Já asseverava Paulo: *non omne quod licet honestum est*, citado por Antônio Brandão[211].

Antônio Brandão[212] destaca o brilhantismo de Hauriou, que se ocupou da moralidade administrativa em uma época em que o positivismo dominava os círculos intelectuais. Suas idéias foram seguidas por Henri Welter, que, em 1930, publicou uma monografia intitulada *"Le Contrôle Juridictionel de la Moralité Administrative"*, onde assevera que *"a moralidade administrativa, que nos propomos a estudar, não se confunde com a moralidade comum*; ela é composta por *regras de boa administração*, ou seja: pelo conjunto das regras finais e disciplinares suscitadas, não só pela distinção entre o Bem e o Mal, mas também pela idéia geral de administração e pela idéia de função administrativa", conforme Antônio Brandão[213].

---

[209] Hauriou *apud* Antônio Brandão, Moralidade Administrativa, *in*, RDA, vol. 25, p. 457.

[210] Antônio Brandão, op. cit., citando Hauriou, p. 457.

[211] Ibidem.

[212] Idem, p. 458.

[213] Antônio Brandão, op. cit., citando Henri Welter, p. 459, grifos nossos.

Dentro dessas idéias, tanto viola a moralidade administrativa o administrador que agiu com desiderato desonesto, tanto quanto o que não obedeceu à ordem institucional e procurou obter vantagem patrimonial para os bens que tinha em sua guarda, pois se desviou do fim institucional, que é a realização do bem comum, conforme o citado autor português[214].

Após a obra de Welter, outro autor - Lacharrière - dedicou-se ao tema com a monografia *"Le Contrôle Hiérárchique de l'Administration dans la Forme Juridictionelle"*, em 1938, referindo-se à moralidade administrativa como o "conjunto de regras que, para disciplinar o exercício do poder discricionário da Administração, o superior hierárquico impõe aos seus subordinados. Semelhantes regras não se confundem, porém, com as regras da Moral comum: são regras de boa administração", tendo acrescentado, " boa administração é noção complexa em que entram, a par de certas regras da moral vulgar, prescrições de caráter técnico", conforme o doutrinador luso anteriormente citado[215].

4.2.4. Imoralidade e desvio de poder

Com muita propriedade já destacava Antônio José Brandão[216] que a idéia de desvio de poder está diretamente ligado à imoralidade administrativa. A lei pode ter sido observada, mas a finalidade pública pode não ter sido atingida. Por isso, conclui o autor português: *"O juiz do desvio de poder é, com efeito, mais do que um juiz da legalidade, - isto é: da mera conformidade da Administração à lei, - porque atua como juiz dos intuitos morais das autoridades administrativas, na medida em que esses intuitos podem*

---

[214] Antônio Brandão, op. cit., p. 459.

[215] Idem, p. 460.

[216] Idem, pp. 466/7, grifos nossos.

afetar a regularidade jurídica do ato praticado, e, por conseguinte, a própria ordem jurídica."

Bandeira de Mello[217] conceitua desvio de poder da seguinte forma :" ... entende-se por desvio de poder a utilização de uma competência em desacordo com a finalidade que lhe preside a instituição.". Quando o agente "falseia, deliberadamente ou não, com intuitos subalternos ou não, aquele seu dever de operar o estrito cumprimento do que a lei configurou como objetivo prezável e atingível por dada via jurídica. O desvio de poder representa, de conseguinte, um dos mais graves vícios do ato administrativo."

Tal ocorre uma vez que a prática do ato administrativo só se justifica dentre as hipóteses previstas em lei e a ela deve se circunscrever. Prossegue o citado autor[218]: "o desvio de poder é tipicamente um caso em que o agente, por apartar-se do fim específico inerente ao poder que lhe estava condicionado, viola a regra de Direito, alheia-se da fonte que o legitimava."

Conclui, no sentido de que o desvio de poder é sempre um vício de vontade objetivo. Assim, não se perquire se o agente quis ou não desatender a finalidade legal, já que a ofensa à lei é presumida. Da vontade abstrata da lei e da concreção da mesma, não foi atendida a finalidade legal; por conseguinte, o ato administrativo não tem suporte de validade.

Apesar da lógica dos argumentos, evidentemente quando há o propósito deliberado de descumprimento à lei, a prática do ato se reveste de maior gravidade do que quando inexistiu o desiderato de violação. Assim, constituem-se em hipóteses diversas que caberá ao Judiciário valorar frente aos casos concretos. É claro que, se tivesse de haver prova da desobediência deliberada, em muito enfraqueceria a possibilidade de sanção, já que sempre

---

[217] Celso Antônio Bandeira de Mello, Desvio de Poder, *in, RDP* 89/27.

[218] Celso Antônio, op. cit., p. 30.

seria alegado o desconhecimento da lei ou outra hipótese.

Anteriormente em nosso direito, a questão da moralidade vinha embutida na análise do desvio de poder. Não se constituía em causa autônoma para perquirição frente aos tribunais. A partir da nova Constituição de 1988, é possível atacar um ato por imoralidade quer por via de ação popular (artigo 5º, inciso LXXIII, da CF), ação civil pública (artigo 129, inciso III, da CF) quer, mais recentemente, por meio da lei que visa a coibir atos praticados de forma ímproba (Lei nº 8.429/92, em consonância com o artigo 37, *caput* e parágrafo 4º , da CF).

O primeiro acórdão no Brasil a reconhecer a moralidade administrativa tem a seguinte ementa:

> "SERVIDOR DE AUTARQUIA - ATO ADMINISTRATIVO - CONTROLE JURISDICIONAL -
> O controle jurisdicional se restringe ao exame da legalidade do ato administrativo; mas, por legalidade ou legitimidade, se entende não só a conformação do ato com a lei, como também com a moral administrativa e com o interesse coletivo"[219] Unânime.

Desta forma, o direito pátrio veio a agasalhar a questão da moralidade de forma expressa, em sede constitucional, que há muito já se ressentia.

4.2.5. A lesividade ao patrimônio público

A lei da ação popular já tratava de casos em que a lesividade era presumida, artigo 4º da Lei nº 4.717/65.

A questão surge com relação aos atos praticados sob a égide do artigo 37, § 4º, da Constituição de 1988;

---

[219] Apelação Cível nº 151.580 - SP, 1ª Câmara Cível do Tribunal de Justiça de São Paulo, Apelante: Henrique Guilherme Fontes dos Santos e Apelada: Caixa Econômica do Estado de São Paulo. Relator: Samuel Mourão. J. 1º de Março de 1966, *in RDA* vol. 89, p.134., jul/set de 1967.

porém, anteriores à lei de improbidade (Lei nº 8.429/92) é que dão ensejo à propositura de ação civil pública. Nesses casos, é necessário que se façam algumas considerações. Apesar da previsão genérica da prática de atos de improbidade, como a nova lei veio disciplinar de forma detalhada e mais gravosa tais atos, evidentemente não pode retroagir. Somente será possível a interposição de demanda se tiver ocorrido enriquecimento ilícito ou prejuízo ao erário. Isto porque os atos de improbidade que implicaram enriquecimento ilícito do agente público, anteriores a 3/6/92, ficam sujeitos à Lei nº 3.502/58, denominada de Bilac Pinto[220]. Os atos que causaram prejuízo ao erário, sem se configurar enriquecimento ilícito para o agente, ficam sujeitos à disciplina dos atos ilícitos e à respectiva obrigação de indenizar prevista no Código Civil. Os demais atos que não se abrigam nas duas hipóteses anteriores infelizmente não são possíveis de sanções civis. Esse entendimento é também defendido por Marino Pazzaglini Filho[221].

Os atos praticados sob a égide da Lei nº 8.429/92 têm tratamento diferente. Assim, os atos são divididos em três grandes grupos. O primeiro trata sobre atos de improbidade administrativa que causem enriquecimento ilícito, previstos no artigo 9º. O segundo, dos atos comissivos ou omissivos que ocasionem lesão ao erário, no artigo 10. E, por último, os atos que atentem contra os princípios da administração pública, previstos no artigo 11. As sanções daí decorrentes estão previstas no artigo 12, incisos I, II e III, respectivamente, conforme o artigo infringido.

Lesivo não é somente o ato que causa prejuízo patrimonial ao erário público, mas todo aquele que

---

[220] A Lei Bilac Pinto (nº 3.502/58) e a Pitombo-Godói Ilha (Lei nº 3.164/57) foram expressamente revogadas pela Lei nº 8.429/92, que entrou em vigor na data de sua publicação, em 3/6/92.

[221] Marino Pazzaglini Filho e outros, *Improbidade Administrativa: aspectos jurídicos da defesa do patrimônio público*, São Paulo, Atlas, 1996, p. 31.

ofende os princípios da administração. Desta forma, para se atacar um ato, não é mais necessária a comprovação de perda monetária, bastando a simples ofensa a um dos princípios que regem a coisa pública. Assim, quando o administrador deixa de realizar a licitação, quando essa se constituía em um imperativo legal, não mais se cogita da demonstração de prejuízo pecuniário, já que a lesão está na ofensa aos princípios que regem a administração pública. Importante avanço no Direito Brasileiro ocorreu de forma indubitável. Destarte, a lesão é agora entendida como a simples ofensa à lei, sem se atrelar à quantia monetária. É claro que, do ponto de vista prático, tal rigor deve ser por vezes abrandado quando a lesão for pequena. Daí, deve-se cotejar o Princípio da Legalidade com o da Moralidade. Pode ocorrer que, apesar de ser pequena a lesão, a moralidade foi em muito violada, razão pela qual se justifica a interposição da ação. Em outras hipóteses, a irregularidade administrativa pode ter sido pequena, e o Tribunal de Contas já ter aplicado uma sanção e se demonstra despicienda a propositura de demanda, apesar da independência dos juízos civil, administrativo e penal. Assim, o caso concreto é que indicará a melhor providência cabível.

Em estudo realizado por ocasião da Assembléia Constituinte, José Wilson Ferreira Sobrinho[222] faz um cotejo entre a ação popular sob a égide da constituição pretérita e da que já se vislumbrava. Demonstra a falta de aparato jurídico para coibir alguns atos lesivos à lei e que não causavam prejuízo ao erário; e aponta para a solução que a Carta Magna pretendia oferecer. "*O constituinte resolveu por cobro à situação ao dispor que mesmo aqueles atos que são lesivos, apenas formalmente, são susceptíveis de desconstituição pela ação popular. Alarga-se, de*

---

[222] José Wilson Ferreira Sobrinho, Ação Popular na Constituinte, *in RDP*, vol. 86, p. 127, abr./jun., de 1988, grifos nossos.

conseguinte, o raio de incidência desse instituto constitucional. O fato é, sem dúvida, auspicioso."

Assim, a *lesão* causada pelo ato pode ser *formal* (quando atenta quanto aos princípios que regem a administração pública, não implicando quantia monetária) ou *material* (que se exprime em prejuízo econômico).

Rafael Bielsa[223], ao analisar a ação popular sob a égide da Constituição de 1946, já se ressentia pelo fato de não haver controle no tocante à moralidade. *"Os atos irregulares, imorais, de suborno etc., que não lesam ao patrimônio público, não estão compreendidos no preceito constitucional, o que é deplorável."*

Seabra Fagundes[224], quando a ação popular aportou em nosso direito, já propugnava por um alargamento do conceito de lesividade, a ser realizado pelo Poder Judiciário, e apontava para o caminho da moralidade. Enfatiza a importância da interferência do Judiciário em setor relevante, que anteriormente era quase ou totalmente subtraído ao seu controle. Desta forma, além da legalidade, o juiz teria de estar atento a critérios morais. *"É auspiciosa essa possibilidade que se abre ao controle jurisdicional da boa gestão ao patrimônio público. E só por existir já se pode esperar maior cuidado no dispor e fazer aplicação dos dinheiros do povo."*

Após mais de 40 anos, a moralidade surge no Direito Brasileiro de forma expressa e independente da legalidade. A moralidade administrativa com a ampliação do objeto da ação popular constante em nossa constituição, configurando-se em causa autônoma, independente do conceito de lesividade patrimonial ao erário, no entendimento de Mancuso[225]. Para o citado

---

[223] Rafael Bielsa, A ação popular e o poder discricionário da administração, *in Revista Forense* vol. 157, p. 39, jan./fev, de 1955, grifos nossos.

[224] Seabra Fagundes, Da ação popular, *in Revista de Direito Administrativo*, vol.6, out. de 1946, p. 19, grifos nossos.

[225] Rodolfo de Camargo Mancuso, *Ação Popular*, São Paulo, Ed. RT, 1993, p. 70.

autor[226] "... *a resistência ao controle da moralidade administrativa através da ação popular sempre esteve ligada ao temor de que esse contraste acabaria por abranger os atos discricionários da administração, ou seja, o próprio mérito administrativo, e no limite se correria o risco de um superdimensionamento do Judiciário, em detrimento do equilíbrio entre os Poderes"*.

Mancuso[227] explicita o conteúdo da moralidade administrativa como compreendendo: o abuso de direito, o desvio de poder e a razoabilidade da conduta sindicada.

Se anteriormente à Constituição de 1988 era controversa a questão da lesividade ao patrimônio público, após a referida legislação e a positivação da moralidade, em sede constitucional, em muito as dúvidas se dissiparam. Para estancar qualquer discussão, foi promulgada a Lei nº 8.429/92, que nomina os atos praticados de forma ímproba. Dentre eles, a simples ofensa aos princípios constitucionais que regem a administração pública é considerada lesiva ao erário.

Por conseguinte, o administrador que não realiza a licitação, quando a mesma era exigível, é passível de responsabilidade pela ação de improbidade administrativa, embora com a compra realizada e o preço pago não tenha havido desvantagem aos cofres do Estado. Considerando que, no mínimo, a lei foi descumprida.

Da mesma forma, a não-realização de concurso público, nas hipóteses em que a lei impõe necessário, é passível de responsabilização o administrador que deixou de efetuá-lo, sob a égide da lei que visa a coibir atos praticados com improbidade administrativa.

Ao discorrer sobre a questão do prejuízo em matéria da lei da ação civil pública, Mazzilli[228] é categórico:

---

[226] Mancuso, op. cit., pp.71/2, grifos nossos.

[227] Mancuso, op. cit., p.74.

[228] Mazzilli, *A defesa dos interesses difusos em juízo*, 7ª ed., São Paulo, Saraiva, 1995, p. 158.

"o dano à moralidade administrativa está sempre presente quando a administração dispensa licitação ou concurso exigidos em lei, e daí decorrem lesividade e prejuízo."

4.2.6. Ação Civil Pública e Inquérito Civil - limites à aplicabilidade do artigo 5º, LV, da CF

O inquérito civil é importante inovação no Direito Brasileiro. O Brasil é o único país que o adota, segundo Antônio Augusto Mello de Camargo Ferraz[229].

Diversos entes têm legitimidade para a propositura da ação civil pública, diferentemente do que ocorre no inquérito civil, que foi concebido como instrumento exclusivo do Ministério Público, destinado à colheita de provas e ao esclarecimento do fato visando ao possível ajuizamento de ação. Apesar de não ser obrigatória a sua instauração, a realidade tem demonstrado que o inquérito civil cumpre uma importante missão, uma vez que possibilita ampla coleta de prova, ao final do qual se pode interpor a ação, promover um compromisso de ajustamento ou arquivá-lo. Assim, a propositura de uma lide descabida fica em muito minimizada, já que se têm amplas possibilidades de avaliação da questão.

Nesse aspecto, em muito a ação civil pública superou a ação popular, já que nesta o autor, após o ingresso da demanda, requer as certidões e documentos que se fizerem necessários. Em última análise, o cidadão interpõe uma ação e não conhece os exatos termos do que pretende atacar. Enquanto naquela, o inquérito civil constitui-se em mecanismo eficaz, fazendo com que o Ministério Público proceda à ampla investigação antes

---

[229] Antônio Augusto Mello de Camargo Ferraz, Inquérito Civil: Dez anos de um instrumento de cidadania, in *Ação Civil Pública* (Lei nº 7.347/85 - Reminiscências e Reflexões após dez anos de aplicação), Coordenador: Édis Milaré, São Paulo, Ed. RT, 1995, p. 63.

da interposição da lide, o que lhe dá uma dimensão do objeto contra o qual se insurge. Quem resta beneficiada é a sociedade, que tem a proteção do patrimônio público de uma forma mais eficiente.

Os autores[230] são categóricos ao afirmarem que o inquérito civil não está submetido às exigências do artigo 5º, LV, da Constituição Federal. O inquérito civil é procedimento de natureza administrativa, embora não busque a imposição de uma sanção. Constitui-se, porém, em um constrangimento na vida do cidadão, que é investigado. Como tal tem direito a ser acompanhado de advogado e apresentar as provas que entender cabíveis. Tal ocorre porque o Ministério Público deve buscar a correta apuração dos fatos visando a atingir o interesse público. Não pode cegamente propor a ação quando a investigação já estava a evidenciar que a lide era temerária. O *Parquet* pode aproveitar a coleta de prova para arquivar, desde logo, uma demanda que não prosperaria, não havendo motivo para um processo judicial. De outro lado, é possível que consiga o reconhecimento do fato por parte do investigado, quando será possível promover um compromisso de ajustamento, onde se dá a antecipação dos efeitos da sentença que somente poderiam ser conseguidos após longo tempo. No tocante ao patrimônio público, há vedação de acordo conforme estatui o artigo 17, § 1º, da Lei nº 8.429/92. Marcelo Figueiredo[231] estatui que no tocante ao *quantum* patrimonial nenhum óbice pode ser criado, quando a parte deseje o ressarcimento integral da entidade pública lesada. De onde se conclui que o acordo somente não pode atingir as demais penalidades, tais como suspensão dos direitos políticos etc.

---

[230] Nesse sentido: João Emmanuel Burle Filho, Principais Aspectos do Inquérito Civil, como função institucional do Ministério Público, p. 463, *in Ação Civil Pública* (Lei nº 7.347/85 - Reminiscências e reflexões após dez anos de aplicação), op. cit.

[231] Marcelo Figueiredo, *Improbidade Administrativa*, São Paulo, Malheiros Ed., 1995, p. 92.

É claro que em fase investigatória não se pode fazer uma completa analogia com o procedimento judicial, onde estão minuciosamente estabelecidos os atos a serem seguidos e onde a ausência da ampla defesa conduz à nulidade do feito. A possibilidade de que o investigado compareça acompanhado de advogado e produza prova é algo que só qualifica a investigação a fim de proporcionar a coleta de forma mais ampla do material probatório. O artigo 5º, inciso LV, da CF, deve, por isso, orientar a investigação do inquérito civil.

Vale referir o provimento editado pelo Ministério Público do Estado do Rio Grande do sul, onde apesar de não ser estabelecido o contraditório, oportuniza-se a produção de prova não só pelo investigado como por qualquer interessado.

O dispositivo estabelece:

"Art. 7º, § 7º - Qualquer pessoa poderá, durante a tramitação do inquérito, apresentar ao presidente documentos ou subsídios para melhor apuração dos fatos" (Provimento nº 06/96, D.O.J. 30/10/96).

Sob a égide da Constituição atual, três são as ações que podem ser propostas para a proteção ao patrimônio público: ação popular, ação civil pública e ação ordinária com base na lei da improbidade administrativa. A seguir, passar-se-á a examinar as referidas ações propostas perante os Tribunais.

Parte II

A interpretação jurisprudencial dos atos da administração lesivos ao patrimônio público*

5. Ação Popular

5.1. QUANTO À LESIVIDADE

Levando-se em consideração a lesão ao patrimônio público que pode ensejar o ato administrativo, tem-se decisões que ora reconhecem a lesividade, ora não a reconhecem, considerando os mais diversos motivos, posteriormente analisados.

5.1.1. Reconhecendo a lesividade e somente decretando o ato nulo

5.1.1.1. Dispensa de concurso público para admissão de funcionários fora das hipóteses autorizadoras

"AÇÃO POPULAR.
Admissão em emprego público (autarquia estadual - DEPREC), *sem prévia aprovação em concurso ou prova seletiva.* Afronta aos artigos 37, II, da CF; 17 da Lei Estadual nº 1.561/51 e nº 1 e da Ordem de Serviço nº 1/87, do Governo do Estado. *Ato lesivo ao patrimônio e à moralidade públicos.* Ação julgada procedente. Recurso desprovido. Voto vencido "[232].

---

[232] Ementa da Apelação Cível nº 592101414, 2ª Câmara Cível, POA. Paulo Marques dos Reis, apelante, e Irani Mariani, apelado, Departamento Estadual de Portos, Rios e Canais, e José Fernando Marques Ripoll, interessados.

Nesse julgamento, a Câmara entendeu, por maioria de votos, vencido o relator no sentido de que houve a lesão ao patrimônio público. Assim, se a Constituição Federal previu a necessidade de concurso para preenchimento de cargos e funções públicas, não se tem como considerar que a norma do artigo 37, § 2º, da Constituição Federal não seja auto-aplicável. Na hipótese, houve dispensa do concurso e uma ilegal designação de alguém para ocupar determinado cargo. Foi considerado, ainda, que a lesividade é presumida quando há ofensa à moralidade administrativa, sendo que, *in casu*, houve prejuízo financeiro com o dispêndio dos vencimentos. A prestação de serviço com o pagamento de salário não descaracteriza a perda patrimonial para a administração e a violação da lei.

Neste sentido, o voto do revisor, Des. Élvio Schuch Pinto: "*A lesividade vem presumida*, conforme assente na própria estrutura da ação popular e reconhecido pela doutrina e jurisprudência. A consagrar entendimento de que a prestação - suposta - de serviços, por si só desnatura a lesividade e desautoriza a presunção, estará engendrando-se descabido, por óbvias e históricas razões *laissez-faire* administrativo. Aliás, a hipótese versada pressupõe, dentre outras, *lesão à moralidade administrativa.*"[233].

Pediu vista e acompanhou o voto do revisor o Des. Talai Djalma Selistre, reconhecendo a lesividade do ato administrativo hostilizado, sendo que o prejuízo financeiro para a autarquia teria decorrido do pagamento ilegal.

O voto vencido do relator Des. Armando Mário Bianchi foi no sentido de entender ilegal o ato impugna-

---

Relator: Des. Armando Mário Bianchi. J. 25 de agosto de 1993. *In*: Revista de Jurisprudência do T.J.R.G.S.[Porto Alegre], nº 161, P. 301/8, dez. 1993, grifos nossos.

[233] Op. cit., pp. 306/7.

do, sem, no entanto, vislumbrar lesão aos cofres do DEPREC.

Assim, ainda que reconhecida a lesividade ao final do julgamento, a mesma não foi unânime. Entende-se que foi acertada a decisão que considerou o ato lesivo. Se a Carta Constitucional preocupou-se em colocar a exigência de concurso público, não pode este ser afastado fora das previsões autorizadoras. Se tal resultou em dispêndio, como efetivamente ocorreu com a contração de servidor, a toda evidência também se demonstra prejuízo patrimonial. Poder-se-ia alegar que o trabalho foi prestado; logo, o vencimento é devido. É verdade que os recursos acabam tendo de ser pagos, durante o período em que houve a prestação de serviço, sob pena de se configurar hipótese de enriquecimento sem causa para a administração. Ocorre, porém, que a relação jurídica decorreu de ato administrativo ilegal, e assim a sua nulidade deve ser decretada. Para reparação do prejuízo, poder-se-ia cogitar de ressarcimento por parte de quem firmou o ato administrativo ao desamparo da lei, o que não foi discutido no presente acórdão, uma vez que em 1º grau não houve condenação.

No sentido de exigir o concurso público para admissão de funcionário, também se manifestou o seguinte acórdão, cuja a ementa a seguir se transcreve:

"AÇÃO POPULAR - Requisito - Lesividade do ato - Ocorrência - Admissão, ao serviço público remunerado, sem concurso - Desobediência, quanto às condições de habilitação, das normas legais - Recursos não providos - Voto vencido.

FUNCIONÁRIO PÚBLICO - Admissão sem concurso - Serviço comprovadamente prestado - Devolução dos valores percebidos - Inadmissibilidade - Locupletação à custa do trabalho alheio - Proibição - Princípio da moralidade administrativa - Ação improcedente - Recursos não providos.

PREFEITO MUNICIPAL - Admissão de servidores públicos sem concurso - Reposição dos pagamentos aos cofres públicos - Inadmissibilidade - Contratações que não se deram por vontade livre do Prefeito - Concursos públicos posteriormente realizados que demonstram a necessidade de servidores - Lesividade que se liga à moralidade administrativa - Ação improcedente - Recursos não providos"[234].

O Desembargador-Relator reconheceu que na contratação de servidores públicos, sem concurso, houve lesividade, que não precisa necessariamente ser efetiva, podendo ser presumida. Os demais componentes da Câmara discutiram quanto à indenização devida pelo Prefeito Municipal no tocante ao dano causado aos cofres municipais, reconhecendo, ao final, que, como o dano foi presumido, nenhum prejuízo patrimonial ocorreu, já que o serviço foi efetivamente prestado, sob pena de se configurar um acréscimo, e não uma mera reposição aos cofres públicos.

Com a devida vênia, discordo da decisão proferida, no sentido de apenas decretar nula a contratação de servidor sem previsão do dever de indenizar. Sabe-se que, quando o serviço foi prestado, o pagamento é devido. Se não houver, porém, uma responsabilização patrimonial de quem praticou o ato ilegal, torna-se difícil coibir esse tipo de atitude contrária ao direito. Considerando, assim, que a indenização foi requerida para uma total reparação da ordem jurídica, acredita-se que a condenação patrimonial do Prefeito que praticou o ato ilegal viria a restaurar a ordem jurídica violada, já que a Municipalidade teve gasto, sem o amparo legal,

---

[234] Ementa da Apelação Cível nº 186.089-1, 2ª Câmara Civil do TJSP, Pacaembu. Recorrente: Juízo *Ex Officio*, Apelante: Municipalidade de Irapuru, Apelados: Valdir de Almeida Tovani e outros. Relator: Des. Silveira Paulilo. J. 29 de março de 1994. *In* Jurisprudência do Tribunal de Justiça (SP) nº 157, p. 9/13, ano 28, jun. 1994.

quando notadamente a Administração Pública deve pautar sua conduta pelo Princípio da Legalidade.

5.1.1.2. Doação a particular de bem desapropriado por interesse social

"ADMINISTRATIVO. AÇÃO POPULAR. DESAPROPRIAÇÃO POR INTERESSE SOCIAL. DOAÇÃO A PARTICULAR DE BEM DESAPROPRIADO POR INTERESSE SOCIAL. DOAÇÃO A PARTICULAR. ILEGALIDADE. LEI Nº 4.132/21, ART. 4º.

A TEOR DO DISPOSTO NO ART. 4º DA LEI Nº 4.132/62, NULA É A DOAÇÃO FEITA A PARTICULAR DE BEM DESAPROPRIADO POR INTERESSE SOCIAL, AINDA QUE SE DESTINE À IMPLANTAÇÃO DE INDÚSTRIA.

IMPORTA EM LESIVIDADE AO PATRIMÔNIO PÚBLICO A CESSÃO DE BEM NA HIPÓTESE ACIMA INDICADA.

AÇÃO POPULAR JULGADA PARCIALMENTE PROCEDENTE. RECURSO PARCIALMENTE PROVIDO", Unânime[235].

Cuida-se de ação em que o imóvel foi desapropriado, tendo dois dias após sido doado à Indústria. O autor popular sustentou o desvio de finalidade por ausente o interesse público, havendo o pedido sido julgado improcedente em ambas as instâncias ordinárias.

O STJ corretamente decidiu, na esteira dos precedentes anteriores à Constituição Federal (RE nº 93.308 - PR, 78.229, 84.638 e 76.296 do STF), que na desapropriação por interesse social admite-se, tão-só, a venda ou locação do bem expropriado, não, porém, a doação, em face da expressa disposição do artigo 4º da Lei nº 4.132/62. Desta forma, considerou-se nulo o ato em

---

[235] Ementa do Recurso Especial nº 55.723-2, 1ª Turma do STJ, Minas Gerais. Recorrente: Paulo José dos Santos e Recorridos: Município de Congonhal - MG e José Onofre Moreira e cônjuge. Relator: Ministro Cesar Asfor Rocha. J. 15 de fevereiro de 1995. *In R. Sup. Trib. Just.* [Brasília], nº 74, pp. 408/12, out. 1995.

exame. Decretada a nulidade do ato, foi desconstituída a escritura de doação e dos atos cartoriais dela decorrentes, de sorte que o bem doado retornasse ao patrimônio do município. Por isso, houve entendimento de que inexistia necessidade de ressarcimento. Assim, acertadamente decidiu o STJ, restaurando a legalidade violada, ainda que somente em sede de instância extraordinária.

5.1.1.3. Aposentadoria especial de parlamentar

"VEREADOR - Aposentadoria especial - Benefício instituído por lei municipal e concedido no curto prazo de oito anos de contribuição - Ofensa ao princípio constitucional da moralidade administrativa - Ação Popular procedente ", Unânime[236].

Com muita propriedade, decidiram os desembargadores que o princípio da moralidade na administração pública foi violado. Assim, a atuação parlamentar de legislar em causa própria, por sua iniciativa, desviando-se do escopo do "bem comum" que deve pautar o mandato que lhes foi conferido para desempenhar função pública. Com a edição da referida lei municipal, foi autorizado convênio com a Carteira de Previdência, instituindo o benefício de aposentadoria especial, no curto espaço de oito anos de contribuição, com repasse de verba pública para cobrir *déficit* técnico, o que ofende ao princípio da moralidade. Desta forma, tanto em 1º, quanto em 2º graus, as decisões resguardaram e velaram pelos princípios constitucionais que regem a administração pública.

---

[236] Ementa da Apelação Cível nº 193.482 -1/7, 7ª Câmara do TJSP, São Paulo. Recorrentes: Instituto de Previdência do Estado de São Paulo - IESP, representando a Carteira de Previdência dos Vereadores e Prefeitos do Estado de São Paulo e Mílton Dante e Recorridos: Ernani Luiz Donatti Gragnello e outras. Relator: Des. Leite Cintra. J. 9 de dezembro de 1993. *In RT* nº 706, p. 63, agosto de 1994.

5.1.1.4. Venda de lotes e desvio de poder

"AÇÃO POPULAR - Ato lesivo à moralidade administrativa - Alienação de lotes de terrenos pertencentes à municipalidade, contíguos a outros de propriedade do prefeito, e posteriormente por ele adquiridos - Área contínua que se valoriza quando agregada à primitiva - Interesse particular evidenciado, caracterizando desvio de poder - Finalidades do bem-comum não atendidas - Nulidade do ato decretada ", Unânime[237].

O acórdão corretamente considerou lesiva à moralidade administrativa e, portanto, passível de anulação, a alienação de lotes de terrenos pertencentes à municipalidade, contíguos a outros de propriedade do prefeito e posteriormente por ele adquiridos, visto que a área contígua se valoriza quando agregada à primitiva. Tal fato evidencia interesse particular na alienação, caracterizando-se o desvio de poder, já que a prática do ato foi apartada da finalidade pública, que deve pautar a atividade administrativa. Essa é hipótese em que, apesar de o ato estar formalmente perfeito, não logrou observar os princípios constitucionais que devem nortear a administração.

5.1.1.5. Aumento de remuneração aos membros do Legislativo e do Executivo para vigorar na mesma legislatura

"AÇÃO POPULAR. RESOLUÇÃO DA CÂMARA MUNICIPAL SOBRE REMUNERAÇÃO DOS VEREADORES, PREFEITO E VICE-PREFEITO, A VIGORAR NA MESMA LEGISLATURA. CITAÇÃO DE EDILIDADE. DESNECESSIDADE. CERCEAMENTO DE DEFESA. INOCORRÊNCIA.

---

[237] Ementa da Apelação Cível nº 145.96 -1/2, 7ª Câmara do TJSP, Mirassol. Recorrentes: o Juízo de ofício e Cipriano Garcia e Recorridos: Manfredo Bueno Pádua, sua mulher e outros. Relator: Des. Campos Mello. J. 26 de junho de 1991. *In RT* nº 673, p. 61, novembro de 1991.

I - Na ação popular, visando à declaração de nulidade de Resolução da Câmara Municipal, que fixou a remuneração dos Vereadores, Prefeito e Vice-prefeito para a mesma legislatura, é suficiente a citação dos beneficiários do ato e do Município. Em tal caso, é dispensável a citação da Câmara Municipal, pois esta carece de personalidade jurídica.

II - Seja como for, a falta de citação da Edilidade não enseja, no caso, nulidade do acórdão, pois não implicou qualquer prejuízo para o ente público. Ofensa ao art. 47 do CPC e aos arts. 6 e 7, III, da Lei nº 4.717, de 1965, não caracterizada.

III - Se a efetiva lesão decorre do próprio ato, cuja nulidade se pretende, desnecessária a produção da prova pericial. Violação ao art. 1º da Lei n° 4.717, de 1965, não configurada.

IV - Ofensa ao art. 5º da Lei Complementar n° 25, com as suas alterações, não pré-questionada (aplicação das Súmulas nºs 282 e 356 do STF).

V - Dissenso pretoriano não demonstrado com observância do art. 255 e parágrafos do RISTJ.

VI - Recurso especial não conhecido. " Unânime[238].

Foi reconhecido que a resolução da Câmara de Vereadores, que aumentou aos *edis*, prefeito e vice, a contar da mesma legislatura, afrontou ao artigo 29, inciso V, da Constituição Federal. Desta forma, foi decretada a nulidade da resolução.

5.1.1.6. Contratação de servidores em período eleitoral

"ADMINISTRATIVO. CONTRATAÇÕES DE SERVIDORES EM PERÍODO ELEITORAL COM AFRONTA À NORMA

---

[238] Ementa do Recurso Especial n° 29.094-0/MG, 2ª Turma do STJ. Recorrentes: Vereadores da Câmara Municipal de Conselheiro Lafaiete e Recorridos: Diarlhes Pider Benjamin e outros. Rel. Min. Antônio de Pádua Ribeiro. J. 16 de maio de 1996. *In Lex* n° 87, p. 123, novembro de 1996.

ELEITORAL. ILEGALIDADE CONFIGURADA. LESIVIDADE PRESUMIDA. INEXISTÊNCIA DE PREJUÍZO MATERIAL PARA O ERÁRIO. DESOBRIGAÇÃO DA DEVOLUÇÃO DAS IMPORTÂNCIAS PAGAS COMO ORDENADO PELO SERVIÇO PRESTADO. DESCONSTITUIÇÃO DOS CONTRATOS. PROCEDÊNCIA PARCIAL.

1. A contratação de servidores, sem concurso público, para prestar serviço ao Município, em período expressamente vedado, configura dupla ilegalidade: ofende ao art.37, inc.II, da CF, de 05/10/88, ao art. 15 da Lei nº 7.773, de 8/6/89, além de configurar lesividade presumida (Lei nº 4.717, de 26/6/65, art. 4º). 2. A ausência de dolo da autoridade nomeadamente e a efetiva prestação do serviço contratado afasta a obrigação de devolver ao erário os valores pagos a título de ordenado aos servidores indevidamente contratados, sob pena de se locupletar indevidamente a Fazenda Pública em prejuízo ao direito ao salário pelo serviço prestado. 3. Sentença reformada em parte" Unânime[239].

Cuida-se de ação popular proposta contra ex-prefeito objetivando a restituição para os cofres públicos dos valores pagos a 56 servidores contratados em período em que há expressa vedação legal. A sentença decretou a nulidade dos 56 contratos de trabalho e condenou o ex-Prefeito a devolver todos os valores pagos aos 15 servidores não vinculados à Secretaria da Saúde. Apelaram ambas as partes.

Houve entendimento de que as contratações ocorreram face à premência da situação de o hospital municipal se encontrar paralisado, motivo pelo qual não teria havido dolo na contratação. Por esse motivo, os Desem-

---

[239] Apelação Cível no 594146516, 1ª Câmara Cível do T.J.R.G.S., Ronda Alta. Apelantes/Apelados: Rubens Graciolli e Saul Barbosa. Rel. Des. Celeste Rovani. J. 4 de outubro de 1995. *In RJTJRGS* nº 176, tomo II, p. 516, junho de 1996.

bargadores desobrigaram ao réu a restituição de quaisquer valores.

Bem decidiu o Tribunal ao decretar a nulidade dos atos, já que a contratação esbarrava em proibitivo legal. Da ofensa à lei decorre a lesividade presumida. Nesse aspecto, o acórdão avança, em muito, com relação às ementas trazidas no item 1.3.1.1., onde não foi admitida a lesão. Ambas as posições, porém, não reconheceram o dever de indenizar.

5.1.2. Reconhecendo a lesividade e a obrigação de indenizar

5.1.2.1. Publicidade

5.1.2.1.1. Publicidade e desvio de finalidade

"AÇÃO POPULAR. ATO LESIVO AO PATRIMÔNIO PÚBLICO DE ENTIDADE PÚBLICA. DESVIO DE FINALIDADE. PROCEDÊNCIA DO PEDIDO. RECURSOS ESPECIAIS E EXTRAORDINÁRIOS. CONTRARIEDADE A DISPOSITIVOS DE LEI FEDERAL E DA CARTA MAGNA. REEXAME DOS FATOS E DAS PROVAS. NÃO CONHECIMENTO DOS RECURSOS ESPECIAIS"[240].

Nesse acórdão à unanimidade não foi conhecido o recurso, havendo entendimento de que a análise do desvio de finalidade implicaria o reexame dos fatos e das provas, o que é incompatível com a índole do recurso especial. Assim, prevaleceu a sentença de 1º grau mantida pelo Tribunal de Justiça de São Paulo, no sentido de que o ato é nulo por ter sido considerado ilegal e lesivo ao erário público. Foi confirmada a conde-

---

[240] Ementa do Recurso Especial nº 26.885, 2ª Turma do STJ, São Paulo. Recorrentes: Município de São Paulo e Luíza Erundina de Sousa e Recorrido: Ângelo Gomez Nunes. Relator: Ministro Hélio Mosimann. J. 30 de agosto de 1995. *In LEX* , vol. 80, pp. 147/55.

nação da ex-Prefeita a repor aos cofres municipais a importância gasta com publicações, ocasião na qual se utilizou dos principais jornais do Estado para expressar seu apoio à greve geral ocorrida em março de 1989. Publicações essas veiculadas após a paralisação e em espaços de primeira página em dez jornais da Capital.

Desta forma, houve entendimento em 2º grau, no sentido de que o ato praticado pela ex-Prefeita ocorreu com desvio de finalidade, tendo sido referido que o princípio da finalidade significa a adequação do ato ao seu fim legal, tendo estreita relação com a moralidade administrativa. Ocorre a incidência do artigo 5º, inciso LXXIII, da CF e do artigo 37, *caput*, da CF, bem como do artigo 2º, *e*, e parágrafo único, *e*, da Lei nº 4.717/65.

O ato não foi excluído da égide da discricionariedade, uma vez que a livre escolha do administrador deve pautar-se pela Legalidade.

Coerente a decisão de 1º grau referendada em 2º grau, uma vez que, além do decreto de nulidade do ato, determinou o dever de indenizar, considerando que foi constatada a lesividade ao patrimônio público.

Quanto ao STJ, não houve apreciação do mérito, já que não conhecido o recurso.

5.1.2.1.2. Publicidade e ofensa ao Princípio da Impessoalidade

"AÇÃO POPULAR - Ato lesivo ao patrimônio municipal - Inserção de publicidade pessoal do administrador em viaturas oficiais, bancos e praças e placas indicativas de obras da municipalidade - Princípio da impessoalidade violado - Desconstituição do ato, retirada das inscrições e a indenização dos custos determinados - Aplicação dos arts. 37, § 1º, da CF de 1988 e 14 da Lei nº 4.717/65," Unânime[241].

---

[241] Ementa da Apelação Cível nº 143.146-1 (reexame), 5ª Câmara, TJSP, Barra Bonita. Recorrente: o Juízo *ex officio* e Recorrida: a Municipalidade de Barra

Cuida-se de ação interposta, onde o cidadão pretende anular o ato por ilegalidade e lesividade, visto que determinada a inserção de publicidade pessoal em viaturas oficiais, bancos de jardim e placas indicativas da Municipalidade de Barra Bonita.

A sentença julgou improcedente o feito. Corretamente decidiu o acórdão ao estipular que a lesividade decorre da inserção dos logotipos e nomes do Prefeito e vice-Prefeito com material e serviços da municipalidade. Os mesmos foram colocados e agora precisam ser retirados às expensas do poder público. Não se trata de informação necessária aos munícipes do trabalho realizado pela Prefeitura, mas nitidamente caracterizada a promoção pessoal, motivo pelo qual as despesas pela inserção dos nomes e o posterior desfazimento devem ser indenizados. Assim, em superior instância, foi restaurada a interpretação e a efetividade dos princípios que regem a administração pública.

5.1.2.2. Contratação irregular

"SERVIDOR PÚBLICO - Cargo em comissão - Contratação irregular por Prefeito Municipal - Exercício das funções de fisioterapeuta - Falta de habilitação - Nulidade do ato - Prejuízo ao erário público - Ação Popular procedente - Obrigação solidária do Prefeito e do servidor contratado de reembolsarem os salários pagos pela Municipalidade - Sentença mantida - Recurso improvido - Inteligência do art. 4º, I, da Lei nº 4.717/65," Unânime[242].

Bonita. Relator: Des. Francisco Casconi. J. 13 de junho de 1991. *In RT* nº 671, p. 94, setembro de 1991.

[242] Ementa da Apelação Cível nº 170.925 - 1/1, 2ª Câmara de Férias "D", TJSP, Tupã. Recorrentes: Natalino Chagas e Recorrido: Edivaldo Vieira dos Santos. Relator: Des. Urbano Ruiz. J. 7 de agosto de 1992. *In RT* nº 690, p. 80, abril de 1993.

O Prefeito Municipal contratou, em cargo de comissão, servidor para desempenhar as funções de fisioterapeuta, com carga horária diária de quatro horas, com direito, ainda, a adicional de insalubridade e gratificação, permanecendo no cargo durante 15 meses. Foi exonerado em virtude de ter sido descoberto que o mesmo portava falso diploma, sem registro no órgão de classe.

Corretamente julgou a sentença e o acórdão que decretaram a nulidade do ato e condenaram de forma solidária o Prefeito e o funcionário a reembolsar à Municipalidade os salários pagos, com correção monetária dos valores e juros de mora, a partir da citação e condenação em custas processuais.

Tratando-se de cargo em comissão do Prefeito, tendo o mesmo escolhido funcionário que não estava devidamente habilitado para o desempenho das funções, a responsabilidade de ambos se impõe, já que os requisitos para o preenchimento do cargo eram rigorosos, exigindo-se qualificação específica. A toda evidência, o funcionário não possuía a titulação necessária. Assim, bem decidiu o acórdão, ao entender que a lesividade decorreu do pagamento por serviço para o qual o servidor não estava devidamente habilitado.

5.1.2.3. Despesas de viagem ao exterior

"AÇÃO POPULAR - Ato lesivo ao patrimônio público - Ilegalidade, lesividade e imoralidade dos atos administrativos que autorizavam e determinavam o pagamento de despesas de viagem de Prefeito e esposa ao exterior - Ressarcimento de danos aos cofres públicos confirmado," Unânime[243].

---

[243] Ementa do Recurso Especial nº 32.275 -5 - SP, 1ª Turma do STJ, Recorrente: Wady Mucare (ex-prefeito de Barra Bonita). Relator: Min. Garcia Vieira. J. 15 de setembro de 1993. *In RT* nº 704, p. 233., junho de 1994 e publicado também na Revista do STJ, Brasília, ano 6, vol. nº 53, p. 323, janeiro de 1994.

Trata-se de sentença que considerou lesivo, ilegal e imoral os atos administrativos que autorizavam e pagavam ao ex-Prefeito e sua esposa (que não era convidada oficial) uma viagem à China, aos Estados Unidos, à Coréia e a Xangai. A visita oficial, que se justificava que fosse às custas dos cofres públicos, era apenas à China, e não aos outros países. Saliente-se que apenas o então chefe da municipalidade era convidado oficial, e não sua esposa. Assim, bem julgou a sentença e o acórdão ao condenarem o ex-Prefeito a restituir os danos por ele causados à municipalidade. O fato de as contas naquele ano terem sido aprovadas pelo Tribunal de Contas também não o exime de responsabilidades. Por esse motivo, correto julgamento que o condenou a ressarcir as despesas da ex-primeira dama da municipalidade, bem como ao ex-Prefeito das demais cidades que não integravam o roteiro oficial. Correto o ressarcimento a fim de restaurar a ordem jurídica violada.

5.1.2.4. Vantagens a funcionários

"AÇÃO POPULAR.
Departamento Estadual de Portos, Rios e Canais - DEPREC. Extensão indevida de verba de representação a chefias de gabinetes e assessoria por diretor incompetente. Ilegalidade e lesividade aos cofres públicos. Falta competência ao diretor do DEPREC para estender a verba de representação aos chefes de gabinete e de assessoria, não contemplados com tal vantagem pela lei. Concessão à revelia dos pareceres dos órgãos jurídicos competentes. Prejuízo evidente do Tesouro do Estado com o pagamento de vantagens pecuniárias à margem da lei. Ato ilegítimo e lesivo culposo. Devolução obrigatória das importâncias recebidas indevida-

mente corrigidas e com juros de mora. Apelo improvido", Unânime[244].

Trata-se de ação popular que se insurgiu contra o pagamento de verba de representação, mediante a Portaria nº 454/88, que estendeu o benefício aos chefes de gabinete, assessoria jurídica e assessoria de planejamento e coordenação; enquanto o Decreto estadual nº 32.696/87 somente previa para concessão do benefício o Diretor-Geral do DEPREC.

Acertadamente, entendeu o Des. Relator que a portaria que estendeu a verba de representação aos titulares das chefias acima relacionadas mostra-se escancaradamente *ilegal*: por falta de previsão para concessão de tais verbas e por falta do agente administrativo para concedê-la.

Da ilegalidade resulta a lesividade, do qual os cofres do Estado, mantidos pelos contribuintes, foram desfalcados com o pagamento de verba de representação sem suporte legal.

Decorrente da ilegalidade e da lesividade da aludida portaria, surge a obrigação de indenizar a verba recebida indevidamente..

Assim, corretamente restaurada a ordem jurídica violada e satisfeito o dano patrimonial do qual havia sido vítima o erário público.

5.1.2.5. Empréstimo de dinheiro público a particular sem base legal

"AÇÃO POPULAR. EMPRÉSTIMO DE DINHEIRO PÚBLICO. *O empréstimo de dinheiro público sem base em qualquer lei, sem apoio na lei orçamentária, é ato ilegal, lesivo e, por desvio de finalidade de dinheiro, caracterizável como*

---

[244] Ementa da Apelação Cível nº 591093067, 1ª Câmara Cível do TJRS, P.A. Recorrentes: Eliseu Ody e outros, recorrido: Irineu Mariani. Relator: Des. Celeste Vicente Rovani. J. 17 de março de 1992. *In RJTJGS* nº 156, p. 330.

administrativamente imoral. Procedência da ação. Apelação improvida"[245].

Trata-se de julgamento proferido que reconheceu a lesão aos cofres públicos à unanimidade, em decorrência de autorização de empréstimo pelo Prefeito Municipal, para fins de fiança criminal de terceiro, com a colaboração de Odacir, que ocupava o cargo de Secretário Municipal da Fazenda.

O relator Des. Tupinambá Miguel Castro do Nascimento manifestou-se no sentido de que: "*Inexistentes lei autorizativa e verba orçamentária, o uso de dinheiro do erário com desvio da finalidade caracteriza o ato, ao contrário do sustentado, como imoralidade administrativa, com ofensa ao art. 37 da CF*"[246].

O pagamento não foi considerado, pelo Des. Relator, como fator apto a elidir a lesividade. Mormente, porque a devolução do empréstimo somente ocorreu após a prolação da sentença e dois dias antes da interposição do recurso.

Desta forma, o município teve prejuízo financeiro com o empréstimo sem base legal, do qual não houve pagamento tempestivo. Diante das circunstâncias, pode-se constatar que houve em realidade quase uma doação, já que não havia previsão de adimplemento. Esse somente ocorreu em virtude da procedência da ação ajuizada. O prejuízo financeiro restou evidente, levando-se em conta que não foi demonstrado que tenha havido satisfação integral do débito com a correção monetária cabível devido ao grande tempo decorrido, da data em que o mesmo foi tomado, 9/12/91, e o seu pagamento, 15/2/94.

---

[245] Ementa da Apelação Cível n° 594107203, 1ª Câmara Cível do TJRGS, Ronda Alta. Saul Barbosa e Odacir Raimondi, apelantes - Rubens Graciolli, apelado - Gilmar Celso e Neivor Celso, interessados. Relator: Des. Tupinambá Miguel Castro do Nascimento. J. 29 de março de 1995. *In Revista de Jurisprudência do T.J.R.G.S.* [Porto Alegre], n° 172, pp. 288/90, out. 1995, grifos nossos.

[246] Op. cit., p. 289, grifos nossos.

Há, ainda, de se considerar que devido à ausência total de permissivo legal para a prática do ato, a ofensa ao princípio da moralidade é inconteste, como muito bem decidiram os desembargadores.

Quanto à reparação do dano, houve condenação do juízo *a quo*, confirmado pelo *ad quem* .

5.1.2.6. *Concessão de serviço público realizado sem prévia concorrência*

"AÇÃO POPULAR - Ato lesivo ao patrimônio público - Prática por pessoa jurídica de Direito Privado na qual o Poder Público tem interesses econômicos predominantes, com participação acionária majoritária - Caracterização como entidade pública para fins de responsabilização.
Sempre que o patrimônio ou a maioria acionária de determinadas empresas privadas passe a pertencer a entidades públicas, passam elas a ser nitidamente públicas para fins de ação popular.

SERVIÇO PÚBLICO - Concessão - Contrato celebrado sem prévia concorrência, nos termos do regulamento ou norma geral - *Hipótese em que basta a prova do ato para considerá-lo lesivo e nulo de pleno direito, eis que se trata de lesão legalmente presumida - Quantum* que deve ser apurado nos termos do art. 14 da Lei nº 4.717/65 - Inteligência de seu artigo 4º, III, *a*" Votação unânime[247].

Diante do disposto no artigo 4º, III, *a*, da Lei nº 4.717/65 no sentido de que são nulos os contratos de

---

[247] Ementa da Apelação nº 116.780-1 (reexame), 3ª Câmara Cível do Tribunal de Justiça de São Paulo, São Paulo. Recorrente o juízo de ofício, Asa - Agentes de Serviços Aeroviários Ltda e outras e Viação Aérea São Paulo S/A - VASP e Sidival Modesto Godoy e outros, apelantes e apelados Flávio Musa de Freitas Guimarães e outros, . Relator: Des. Flávio Pinheiro. J. 31 de outubro de 1989. *In RT* [São Paulo], nº 649, p. 54/6, nov. 1989, grifos nossos.

concessão de serviço público quando celebrados sem prévia concorrência, a lesão é legalmente presumida, como decorrência da lei, doutrina e jurisprudência (RTJ 103/83 e RT 623/41) entendeu o Desembargador-Relator. Apurado, também prejuízo patrimonial. Destarte, manifestou-se o Relator: "Então a lesividade, além de presumida por lei, na hipótese, acabou sendo demonstrada nos autos, devendo o *quantum* ser apurado em execução, ex vi do disposto no art. 14 da Lei nº 4.717/65"[248].

Desta forma, reconhecida a lesão presumida por ofensa à lei devido à não realização de concorrência e, ainda, a lesão patrimonial reconhecida por auditoria interna da VASP, do Tribunal de Contas e do perito judicial.

5.1.2.7. Contratação de Servidores

"AÇÃO POPULAR. Atos lesivos. Anulação das contratações de servidores municipais. Ressarcimento. Condenação solidária dos responsáveis e restituição dos valores indevidamente recebidos. Lei 4.717/65. Código Civil, art. 158, Súmulas 7/STJ, 282 e 356/STF.

1. A falta de oportuno pré-questinamento obstaculiza o conhecimento do recurso. Se foi provocado na via dos Embargos declaratórios, rejeitados, para que o respectivo acórdão se complete, impõe-se articular contrariedade ou negativa de vigência ao art. 535, I e II, CPC.

2. À palma da demonstração de lesividade e anulado o ato malsinado, o ressarcimento é conseqüência inafastável, obviando-se a restituição dos valores

---

[248] Op. cit., p. 55.

indevidamente recebidos, com os acréscimos estabelecidos e consectários legais.

3. Recurso improvido" Unânime[249].

Cuida-se de ação em que os beneficiários do ato e o responsável - o então Prefeito Municipal - foram condenados solidariamente a devolver os valores indevidamente recebidos a título de salários e indenizações trabalhistas. Assim, corretamente decidiu o STJ ao restaurar a ilegalidade violada.

5.1.3. Não reconhecendo a lesividade

5.1.3.1. Decretando a nulidade do ato, sem reconhecer o dever de indenizar

5.1.3.1.1. Contratação de servidor público em período de vedação legal

"SERVIDOR PÚBLICO - CONTRATAÇÃO - PERÍODO SOB VEDAÇÃO LEGAL - INVALIDAÇÃO DO ATO - RESPONSABILIDADE DO AGENTE POLÍTICO.
Mesmo quando necessária a nomeação de servidor, não gera direito se em período em que a lei veda expressamente.
A invalidação do ato, entanto, por si mesma não acarreta a responsabilidade civil do agente político. Recurso improvido", Maioria[250]

O voto do Min. Relator resultou vencedor. Asseverou que, apesar de a contratação do servidor ter ocorrido

---

[249] Ementa do Recurso Especial nº 10.338-SC, 1ª Turma do STJ, Recorrentes: Luiz Fernando Polli e outros e Recorridos: Odir Barni e outros. Relator: Min. Milton Luiz Pereira. J. 5 de setembro de 1996. Publicado no D.J.U. em 14/10/96.

[250] Ementa do Recurso Especial nº 18.693-0/RJ, 1ª Turma do STJ, Teresópolis. Recorrente: Município de Teresópolis e Recorrido: Celso Luiz Francisco Dalmaso. Relator: Garcia Vieira. J. 17 de março de 1993.

sob a vigência da Lei Federal nº 7.664/88, que em seu artigo 27 veda e considera nulo os atos de contratação de servidor público; se houve o serviço, apesar da nulidade do ato, não houve dano. Foi citado Aguiar Dias, através de sua obra *Da Responsabilidade Civil*. Apesar do entendimento do Relator, acredita-se que com mais acerto e atualidade decidiu o Min. Milton Pereira, através de seu voto vencido, que entendeu terem sido os princípios da legalidade e da lesividade feridos, cujas razões, em parte, a seguir se transcreve:

"... A escusar-se a responsabilidade do administrador público, pela salvaguarda de que o empregado, em contraprestação, prestou serviços, será construir estranho 'indene' de impunidade em favor do agente político que praticou ato manifestamente contra a lei - nexo causal das obrigações da relação de trabalho nascida de ato ilegal - criando-se inusitada convalidação dos efeitos do ato nulo. Será lastimar o ímprobo a agir porque, afinal, aquela contraprestação o resguardará contra ação de responsabilidade civil."

Assim, tem-se que o voto vencido melhor apreendeu o espírito dos princípios que regem a administração, sem se apegar em teses de direito privado de aplicação duvidosa para o direito público.

E, mesmo que se admitisse a responsabilidade civil de direito privado, os pressupostos são: ação, ocorrência de dano moral ou patrimonial e nexo de causalidade entre o dano e a ação, conforme Maria Helena Diniz[251]. Assim, ainda que não se entenda que a contratação ilegal gerou prejuízo ao município. Restaria a ofensa à moralidade administrativa, onde teríamos analogicamente o dano moral do direito civil, cuja jurisprudência de longa data o ampara para fins de indenização.

[251] Diniz, Maria Helena, *Curso de Direito Civil Brasileiro*, vol. 7, Responsabilidade Civl, 2ª ed. São Paulo, Saraiva, 1986.

A tese levantada pelo Relator de que a indenização por dano moral levaria a um enriquecimento sem causa, também pode ser refutada, utilizando-se até os mesmos argumentos de ordem civilista. Maria Helena, enumerando as causas de objeção de reparação ao dano moral, cita o enriquecimento sem causa onde, segundo seus opositores, o credor teria, através do dano moral, um aumento patrimonial sem que tivesse havido decréscimo patrimonial. A crítica que então se apresenta é no sentido de que a ordem jurídica não protege apenas os bens econômicos. Ao contrário, na tutela da vida, da honra, da liberdade etc, entende-se que está a proteção aos bens jurídicos de maior valia. Nesta perspectiva, a reparação do dano moral não pretende fazer a reconstituição do patrimônio, já que esse não foi lesado, mas conferir uma compensação decorrente das desventuras sofridas pelo dano não-patrimonial.

Dentro desse contexto é que se entende a indenização pelo dano moral na administração pública. O dever de indenizar não decorre do decréscimo patrimonial, mas do abalo sofrido pela administração, onde o prejuízo é presumido. Assim, não se pretende a recomposição da esfera patrimonial, mas a recuperação dos valores maiores, dentre os quais a moralidade, protegida pelo direito.

Há ainda de se considerar que no presente caso até de prejuízo econômico efetivo poder-se-ia cogitar, já que com as aludidas contratações ilegais o poder público teve gastos através do salário, os quais normalmente não lhe seriam devidos. É verdade que uma vez realizado o trabalho, o mesmo deve ser remunerado, mas o administrador que deu causa a dispêndio manifestamente ilegal deve responder, no mínimo, pela ofensa à legalidade e à moralidade e, uma vez comprovada a prática do ato administrativo em contrariedade com esses princípios, o mesmo deve ser condenado a indenizar.

No mesmo entendimento da ementa anterior, com julgamento de matéria análoga os Recursos Especiais nºs 34.272-0/RJ[252], 20.316-1/RJ[253] e 25.822-8/RJ[254].

5.1.3.1.2. Inocorrência de licitação e construção de obra

"AÇÃO POPULAR - LICITAÇÃO - REQUISITO DA LESIVIDADE. Exame de legalidade do contrato relativo ao Memorial da América Latina. Exclusão do Governador e Secretários do pólo passivo"[255].

Trata-se de ação popular proposta com o objetivo de anular contratos celebrados pela Cia. do Metropolitano de São Paulo com as empresas Construtora Mendes Jr. S/A, Ductor Implantação de Projetos S/A e Promom Engenharia S/A e condenar os responsáveis sem a devida licitação.

O magistrado do juízo *a quo* conheceu diretamente do pedido e julgou antecipadamente a lide, dando pela procedência, em parte da ação, para anular o contrato celebrado com a Construtora Mendes Jr., com a condenação das pessoas físicas e jurídicas a restituírem, solidariamente, aos cofres públicos os valores a serem apurados em sede de execução. Algumas pessoas físicas

---

[252] 1ª Turma do STJ, Teresópolis, Recorrente: Celso Luiz Francisco Dalmaso e Recorrido: Município de Teresópolis, Rel. Min. Garcia Vieira. J. 12/05/93, com voto vencido do Min. Milton Pereira.

[253] 1ª Turma do STJ, Teresópolis, Recorrente: Município de Teresópolis e Recorrido: Celso Luis Francisco Dalmaso, Rel. Min. Garcia Vieira, J. 14/10/92, com voto vencido do Min. Milton Pereira

[254] 1ª Turma de STJ, Teresópolis, Recorrente: Município de Teresópolis e Recorrido: Celso Luiz Francisco Dalamaso. Rel. Min. César Rocha. J. 28/10/92, unânime.

[255] Ementa da Apelação Cível nº 152.433-1/4, 7ª Câmara Cível do TJSP, São Paulo. Recorrentes: *Juízo ex officio*, Clara Levin Ant e outros, Cia. do Metropolitano de SP, Construtora Mendes Jr., Orestes Quércia, Fazenda do Estado de SP, Recorridos: os mesmos. Relator: Des. Rebouças de Carvalho. *In RDA* nº 195, Rio de Janeiro, Renovar, jan./mar. de 1994.

foram excluídas, e a ação foi julgada improcedente com relação às empresas Promom e Ductor.

O relator entendeu de afastar a lesividade presumida e dar pela improcedência da ação com relação aos demais acionados. Considerou a não-realização da licitação como um mera irregularidade administrativa, nos seguintes termos: " No particular, quando muito poderia ter havido uma *irregularidade administrativa*, mas *não legal*, eis que a Cia. Metropolitana de São Paulo poderia dispensar a licitação e a obra, se intelectualmente atribuída ao ex-Governador, foi feita pelo Metrô, por preço que não trouxe o mais mínimo [*sic*] prejuízo ao erário e por empreiteira que já estava a trabalhar no Terminal Modal da Barra Funda ". A aplicação da lei no presente caso foi tida pelo Desembargador como *summum jus, summa injuria*[256], motivo pelo qual os apelos foram providos a fim de que a ação fosse julgada improcedente.

O Des. Godofredo Mauro, cujo nome integral a revista não transcreve, foi vencido em parte e manifestou seu entendimento no sentido de desconsideração de lesividade presumida. Desta forma, "sem a demonstração da *lesividade*, ou seja, *do prejuízo*, cai o elemento fático que compõe a possibilidade da ação. (...) Nem aceito como presumida a lesividade nas hipóteses de nulidade, que a lei discrimina. O ato pode ser nulo, sem ser lesivo"[257]. Afastada, então, a lesividade presumida, sua posição era de que haveria a necessidade de possibilitar às partes a mais ampla discussão sobre a lesividade efetiva, para o qual seria necessária a discussão em sede de conhecimento, e não de execução.

O voto vencido assevera que não questiona o Memorial da América Latina como obra do governo, mas a forma pela qual foi contratada sua realização. Nesse diapasão, à luz do princípio constitucional da isonomia,

---

[256] Acórdão, op. cit., p. 213, grifos nossos.

[257] Acórdão, op. cit., p. 214, grifos do autor.

orienta-se a doutrina majoritária, no sentido de exigir, mesmo das sociedades de economia mista, a sujeição ao princípio da licitação. É instituto cuja observância se impõe, apesar do silêncio da legislação. Do exame dos autos, constatou-se que não foi realizado nenhum processo seletivo. Uma determinada obra não pode ser simplesmente considerada como continuação da outra. Assim: "Não se pode ter o Memorial da América Latina como extensão, continuação ou complementação do Terminal Intermodal da Barra Funda. (...) Admitir essa integração seria confundir o Palácio da Justiça ou a Catedral com a Estação da Sé do Metrô, a Igreja de São Bento com a estação do mesmo nome e aí por diante. Irrelevante façam parte do mesmo plano viário ou haja contigüidade nas obras"[258].

Teve por desnecessária a prova da efetiva lesão; por conseguinte, também despicienda a verificação de prejuízo, de onde considerou a contratação de empreitada sem concorrência com presunção legal de ilegitimidade e lesividade. Citou jurisprudência da Casa a respeito do assunto: "Para que seja considerado lesivo e nulo de pleno direito contrato de concessão de serviço público celebrado sem prévia concorrência, nos termos do regulamento ou da norma geral, basta a prova do ato, uma vez que essa lesão é legalmente presumida, como decorre da própria lei e segundo a doutrina e jurisprudência (Ap. nº 116.789-1, 3ª CC, Rel. Des. Flávio Pinheiro, j. 31/10/89, *in* RT 649/54)" . No mesmo sentido, "quando os serviços são executados sem prévia concorrência pública, e é óbvio que as obras se enquadram na mesma situação, *a lesividade decorre do próprio ato* (Ap. nº 1.197-1, 3ª CC, Rel. Des. Evaristo dos Santos, j. 5/8/80, RJTJSP, vol.66/36)"[259].

---

[258] Acórdão, op. cit., p. 220.

[259] Acórdão, op. cit., p. 221, grifos do autor.

Quanto à aprovação das Contas do Metrô, pelo Tribunal de Contas, considerou irrelevante. Admitiu o controle judicial no tocante ao ato administrativo, anteriormente examinado pela Corte Administrativa. Citou julgamento anterior: "A competência constitucional do Tribunal de Contas, mero órgão auxiliar do Poder Legislativo, enquanto se adscreve à apreciação técnico-contábil, própria do controle externo de fiscalização financeira e orçamentária (art. 72 § 4º, CF), não preexclui o julgamento político parlamentar e muito menos a cognicibilidade jurisdicional da legalidade e da lesividade dos atos subjacentes às contas aprovadas (Ap. nº 56.033-1, 2ª CC, Rel. Des. Cezar Peluso, j. 10/2/87, Rel. Des. Cezar Peluso, RT 619/60)"[260].

Entendeu, por derradeiro, que as contratações em tela, celebradas sem suficiente justificativa para a dispensa de prévia licitação, são nulas, motivo pelo qual entendeu de confirmar a sentença.

Corretamente entendeu o voto vencido de considerar a não-realização de licitação como hipótese em que se dá o prejuízo. Com a devida vênia do entendimento preponderante, considerar a não-realização da licitação (previsto em lei e na atual Constituição) como uma mera irregularidade administrativa, e não como uma ilegalidade, é ferir a harmonia do ordenamento jurídico. Se considerar que a ofensa à lei não mais se constitui em ilegalidade, teremos de admitir a falência da *civil law* e incentivar o descumprimento reiterado das normas, *in casu*, mormente de direito público, de caráter completamente cogente, instaurando a completa desordem, por meio do descumprimento às leis, conduzindo a completa insegurança jurídica.

Há, ainda, de se considerar a magnitude da obra, que já nasce eivada de vício; quando, ao contrário, deveria se dar o exemplo de cumprimento dos preceitos administrativos, a fim de influenciar outras de igual ou

---

[260] Acórdão, op. cit., p. 222.

menor porte, relevância e repercussão que são construídas. Assim, a desobediência aos princípios da legalidade e da moralidade não se constitui em um bom exemplo para os administradores, administrados e aqueles que contratam com o poder público.

5.2. IMPROCEDÊNCIA DA AÇÃO

5.2.1. Tomada de empréstimo e reaplicação

"Ação Popular. Se inexiste ilegalidade e lesividade patrimonial para ser reparada na ação popular, não se conhece do recurso especial pela letra *a*. Entretanto, se conhece do recurso pela letra *c* e se lhe dá provimento para excluir a condenação em honorários de advogado"[261].

Cuida-se de ação popular proposta contra a Caixa Econômica Estadual, Fundo Estadual de Previdência do Parlamentar e outros visando a anular atos lesivos ao patrimônio da entidade autárquica consistentes em empréstimos concedidos aos deputados estaduais à taxa de juros de 2,8% mais IOF. Ditos empréstimos resultaram de convênio firmado entre a Caixa e o Fundo Estadual de Previdência Parlamentar, estabeleceram juros que contrariaram as normas pertinentes e causaram prejuízo à entidade, eis que sequer incidiu correção monetária. Tais empréstimos eram, geralmente, aplicados em Caderneta de Poupança, na própria Caixa, rendendo quase 10% ao mês, com o que os deputados auferiram cerca de 7% de lucro.

---

[261] Ementa do Recurso Especial nº 13.652-0, 2ª Turma do STJ, Rio Grande do Sul. Recorrente: Antônio Pani Beiriz e Recorridos: Fundo Estadual de Previdência Parlamentar e outros e Caixa Econômica Estadual do Rio Grande do Sul. J. 2 de setembro de 1992. Relator: Min. José de Jesus Filho. *In Lex* nº 46, p. 180.

O feito foi contestado, tendo os réus alegado, em síntese, a inocorrência de lesividade e ilegalidade já que não teria havido prejuízo à Caixa, uma vez que os recursos eram reinvestidos na própria entidade financeira, sendo, então, "um bom negócio" para ela.

O magistrado de 1º grau julgou parcialmente procedente a ação popular, condenando cada um dos réus a recolher aos cofres da Caixa Econômica Estadual a diferença entre os juros que foram pagos e os que seriam devidos se incidente a correção monetária e juros de 6% ao ano. Condenou ainda os réus nas custas e honorários advocatícios fixados em 20% sobre o valor da causa, sendo o pagamento *pro rata*.

A sentença, em 2º grau, foi reformada, entendendo o Tribunal de Justiça gaúcho que a ação popular era inviável, uma vez que não demonstrada a existência de ilegalidade e lesividade.

O Ministério Público em 1º e 2º graus manifestou-se pela procedência da ação e na instância extraordinária pelo provimento do recurso.

Os Ministros entenderam que não existia ilegalidade na aludida operação bancária, e que a lesividade deve ser efetiva, concreta. Face à inexistência destas, não há de se falar em nulidade do ato. O recurso foi provido em parte, somente no tocante à exclusão da verba honorária.

Com a devida vênia do decidido pelos desembargadores e ministros, a decisão que teve melhor acerto foi a proclamada pelo magistrado *a quo*, o então juiz Ruy Armando Gessinger, que condenou os deputados à devolução da diferença da quantia auferida.

O procedimento viola à moralidade, já que o empréstimo era tomado a juros subsidiados, na ordem de 2,8%, e reaplicado a uma taxa de 10% em entidade pública. O lucro obtido na operação é evidente e jamais teria sido conseguido em estabelecimento bancário privado. Assim, além da moralidade vilipendiada, crê-se que há prejuízo econômico efetivo para a administração, motivo pelo qual a diferença deveria ter sido restituída aos cofres públicos pelos parlamentares.

5.2.2. Irregularidades [*sic*] na contratação e grande período de tempo decorrido

"AÇÃO POPULAR - Lesividade ao patrimônio público - Não demonstração - Contrato celebrado entre a Prefeitura e empresa para construção de ginásio de esportes - Obra inteiramente concluída e em utilização há vários anos - Improcedência da ação mesmo que constatadas irregularidades na Contratação - voto vencido"[262].

Trata-se de ação popular ajuizada em março de 1980, com o objetivo de ver decretada a nulidade do contrato celebrado pela Prefeitura Municipal de Iraí-RS, na pessoa do então Prefeito Municipal, para a construção de um ginásio de esportes.

Alegou o autor, em resumo, que o aludido contrato foi efetivado sem a devida licitação pública e que a empresa contratante não possuía personalidade jurídica, além de capacidade técnica e idoneidade moral para garantir a conclusão da obra. E, ainda, inexistiu previsão orçamentária para a construção e era incompetente o contratado, que firmou o ato, ora impugnado.

Após prolongada tramitação do feito, o magistrado julgou improcedente o pedido, pois concluiu não haver prova da lesividade ao patrimônio público, resultante do ato administrativo, não se perquirindo de condenação, ainda que ilegal o ato já que restou concluída a obra em exame.

A decisão em 2º grau foi mantida, bem como em instância extraordinária.

---

[262] Ementa do Recurso Especial nº 15.463-0/RS, 2ª Turma do STJ, Iraí. Recorrente: Ministério Público do Estado do Rio Grande do Sul e Recorridos: Nelson Nabor Paz e outros. Relator: Min. Hélio Mosimann. J. 7 de março de 1994. *In RT* nº 708, p.180, outubro de 1994 e LEX nº 63, p. 108.

Entenderam os julgadores que não obstante a falta de licitação, considerando o tempo decorrido e a conclusão da obra, a ação foi julgada improcedente. A presente ação popular apresenta especificidades próprias. A não-realização do procedimento licitatório ocorreu em 1980, portanto, antes da entrada em vigor da Constituição de 1988.

É necessário registrar, porém, que, mesmo naquela época, havia a necessidade de procedimento licitatório. Por esse motivo, não se pode considerar a sua não-realização mera irregularidade, conforme foi decidido, mas ilegalidade, já que sua exigência era prevista em lei.

O fato de a obra ter sido concluída e estar em utilização há vários anos (somente a ação tramitou durante 14 anos), parece ter sido a razão predominante para a improcedência do feito. Somou-se ao fato de que a lesividade era presumida, decorrente da não observância da lei. Assim, a agregação de todos esses fatores demonstra que a situação é extremamente casuística, fazendo com que o caso não se torne paradigmático.

5.2.3. Licitação realizada sob a modalidade da carta-convite quando deveria ter sido a concorrência

"AÇÃO POPULAR - Ato administrativo lesivo ao patrimônio público - Ausência de demonstração - Processo licitatório aberto por empresas concessionárias de telefonia para a edição de listas telefônicas com obediência aos princípios legais existentes na época - Publicidade, moralidade e legalidade obedecidas - Improcedência mantida"[263]

---

[263] Apelo *ex officio* nº 85.024 - PE, 2ª Turma do Tribunal Regional Federal - 5ª Região, Recorrentes: O Juízo, Editora Abril S/A, Telecomunicações Pernambuco S/A, Telecomunicações Brasileiras S/A e Recorrido: O autor popular - João Humberto de Farias, Relator: Juiz José Delgado, J. 14/9/95. *In RT* nº 724, p. 449, fevereiro de 1996.

Cuida-se de ação em que o magistrado *a quo* acolheu a sustentação do autor de que foi ilegal e lesiva ao patrimônio público a licitação promovida pela Telecomunicações Pernambuco S/A - TELPE, por ter se utilizado de carta convite para contratar com empresas privadas a edição e a comercialização de listas telefônicas na área de atuação. Em decorrência do vultoso negócio, a licitação deveria ter adotado a forma de concorrência pública. A não-obediência aos preceitos legais causou lesão ao patrimônio da TELPE, com reflexos no patrimônio da TELEBRÁS -Telecomunicações Brasileiras S/A e da União, pela possibilidade de serem mais vantajosas as propostas apresentadas pelas concorrentes, caso a concorrência pública, de maior amplitude, tivesse sido adotada.

O juízo *ad quem* firmou entendimento de que é necessário a efetiva lesão ao patrimônio público para que seja cabível a ação popular. Reconheceu que há divisão de opiniões sobre a necessidade de um ou dois elementos (ilegalidade/lesividade) do ato administrativo a fim de que haja o exercício da ação popular. Para alguns juristas (dentre os quais se inclui Themístocles Cavalcanti - *Comentários à Constituição de 1946* - e Amaral Vieira - "Ação Popular", *in RDP* 89/458), basta a configuração da lesividade suficiente para tornar ineficaz o ato. Para outros, a própria lesividade contém a ilegalidade (Michel Temer, *in Elementos de Direito Constitucional*, 6ª ed., p. 204). Considera preponderante e majoritária a corrente que propugna pela imperiosidade de ambos pressupostos, ou seja, lesividade e ilegalidade do ato impugnado (Paulo Barbosa de Campos Filho - "Ação Popular Constitucional", *in RDA* vol.38, pp. 1-19; Alfredo Buzaid - "Ação Popular", *in RDA* 84/331; Hely Lopes Meirelles - *Mandado de Segurança, Ação Popular*, etc., 13ª ed., pp. 91/3).

Ao final, prevaleceu o entendimento de que a não observância aos preceitos legais não teriam causado lesão ao patrimônio público.

Ora, se a lei estabelece diferentes modalidades de procedimento licitatório, a toda evidência, quando a lei propugna pela espécie - concorrência pública, é porque a contratação é de grande valor, objetivando, assim, a oportunidade e a igualdade a todos os interessados (concorrentes). Ora, o convite é a modalidade mais simples para contratações de pequeno valor, inferior à categoria intermediária que se constitui na tomada de preços.

Assim, tratava-se de contratação em que a lei exigia a concorrência, se foi adotado procedimento menos amplo - convite, a toda a evidência a legislação foi desobedecida. Desta forma, o prejuízo daí decorre. E, ainda, a igualdade a todos os interessados não foi alcançada, motivo pelo qual a probalidade de a administração não ter realizado o negócio mais vantajoso, é muito grande. A lisura que se pretende com a concorrência pública, a toda evidência, não ocorreu. Por essas razões, a decisão de 1º grau, posicionou-se junto a doutrina ao qual se filia o presente trabalho - no sentido de que o ato administrativo foi eivado de ilegalidade e lesividade.

5.2.4. Termo de acordo firmado extrajudicialmente após decisão judicial

"AÇÃO POPULAR - Ato lesivo ao patrimônio público - Descaracterização - Termo de acordo firmado por Prefeito Municipal em liquidação de débito apurado em sentença - Prejuízo ao erário público inocorrente. Ato discricionário da autoridade competente - Improcedência mantida" Unânime[264].

---

[264] Ementa na apelação nº 26.958-1, 1ª Turma Cível do Tribunal de Justiça do Mato Grosso do Sul, Dourados. Recorrente: Lori Alice Gressler e Recorridos: Antonio Braz Genelhu Mello, Prefeitura Municipal de Dourados e F. Jannani - Construções e Comércio LTDA. Relator: Des. Josué de Oliveira. J. 27/4/93, RT nº 700, p. 153, fevereiro de 1994.

Trata-se de ação em que a quantia devida foi paga em acordo extrajudicial decorrente de processo judicial de cobrança; conseqüentemente, o recebimento da quantia não se deu via precatório. A inicial se insurge quanto ao critério de correção utilizado para o pagamento. O feito foi julgado improcedente tanto em 1º quanto em 2º grau. Preponderou o entendimento de que o Prefeito ao firmar acordo extrajudicial está agindo dentro dos limites do poder discricionário. E, ainda, que não restou comprovado que tenha havido lesividade patrimonial decorrente do acordo. Quanto à não-inclusão em precatório, deveu-se ao fato de a Constituição Federal, em seu artigo 100, limitar os pagamentos efetuados pela Fazenda, decorrentes de sentença judicial. Como o acordo foi firmado em sede extrajudicial, não há desrespeito à lei.

Trata-se de caso em que não se vislumbra realmente ofensa clara à legislação (capaz de ensejar a lesão presumida). Se não foi apontado um prejuízo econômico e se incomprovado que o Prefeito estava mancomunado com a empresa recebedora do dinheiro, não tem como prosperar a ação popular.

5.3. INDEFERIMENTO DE INICIAL

5.3.1. Falta de interesse em agir

"AÇÃO POPULAR - Ato praticado por questão de conveniência administrativa e amparado em disposições legais expressas. Ausência de ilegalidade, imoralidade e lesão. Falta de interesse em agir. Inicial indeferida" Unânime[265].

---

[265] Recurso *ex officio* nº 92.01.17372-5- DF, 1ª Turma do TRF, 1ª Região, Recorrente: Juízo Federal da 7ª Vara/DF. J. 23/3/94, "In" Lex nº 62, p. 375.

Cuida-se de ação popular interposta que pretendia a nulidade dos atos administrativos da comissão que designou três pessoas com o objetivo de apurar irregularidades no INSS, sendo necessário o deslocamento do Rio de Janeiro para Brasília, com dispêndio para o erário público.

Indeferida a petição inicial antes da citação por falta de interesse de agir pela ausência de ilegalidade ou imoralidade nos autos.

Remetidos os autos de ofício à instância superior, foi mantida a decisão do juízo *a quo*, sob o fundamento de que, se a Comissão resolveu designar pessoas estranhas ao ambiente para apuração dos fatos, pode tê-la feito com objetivo de garantir uma investigação imparcial. Quanto às despesas, as mesmas encontram amparo na Lei nº 8.112/90.

Desta forma, considerou inocorrente a ofensa aos princípios constitucionais, entendendo que o administrador pautou-se amparado na conveniência administrativa.

A verificação das condições da ação é algo extremamente benéfico e propicia que não se estabeleçam demandas sem os requisitos básicos e que tramitam nos foruns por anos de forma desnecessária.

5.3.2. Pedido juridicamente impossível

"AÇÃO POPULAR - Constitucional. Cumulação de cargo em comissão com mandato de vereador. Vedações Constitucionais. Preceitos gerais e específicos. Perda do mandato eletivo. Questão política. Competência do poder legislativo". Unânime.[266]

---

[266] Embargos Infringentes nº 593061203, 1º Grupo de Câmaras Cíveis do Tribunal de Justiça do Rio Grande do Sul - POA. Embargante: Rui Leopoldo Beise e Embargado: Estado do Rio Grande do Sul. Relator: Des. Celeste Vicente Rovani. J. 4/3/94, RJTJRGS, Vol.166, p. 137, outubro de 1994.

Trata-se de ação popular interposta com o objetivo de desconstituir contrato firmado pelo demandado com a Assembléia Legislativa do Estado para exercer cargo em comissão de Assistente Parlamentar, eis que anteriormente já era detentor de mandato de vereador no município de Candelária.

O magistrado do juízo *a quo* indeferiu a inicial por entender que, se irregular a cumulação de cargos, tal acarretaria a perda do cargo eletivo, e não a do cargo em comissão.

Houve apelo e decisão do Tribunal, por maioria de votos, no sentido de manutenção da sentença. Interpostos embargos infringentes, o Grupo, sem divergência, manteve a decisão monocrática, com fulcro nos artigos 55, § 2º, e 38, inciso III, da Constituição Federal.

À luz da Constituição vigente, caso constatada a impossibilidade de exercício de mandato de vereador, a perda do mandato deveria ser decidida pela Câmara, não podendo o Judiciário aí interferir. Trata-se de pedido juridicamente impossível.

Neste caso, bem decidiu o Judiciário, fazendo o controle prévio de ações, que acima (item 3.1) já se propugnava.

No mesmo sentido, a ementa que a seguir se transcreve:

"AÇÃO POPULAR - Instrumento de controle da moralidade administrativa - Admissibilidade somente com fundamentação em informações concretas alusivas ao erário público e não em meras afirmações" Unânime[267].

O autor popular pretendia a declaração de nulidade de todos os acordos firmados entre o Brasil e a URSS, o

---

[267] Apelação Cível nº 94.02.16495-2, 2ª Turma do TRF, da 2ª Região. Autor: Carlos Alberto do Nascimento e Réu: José Sarney. Relator: Des. Fed. Alberto Nogueira. J. 14/8/96, DJU 8/10/96. *In RT* vol. 735, p. 426, janeiro de 1997.

juiz, em primeiro grau, indeferiu a petição inicial e extinguiu o feito sem julgamento do mérito.

Houve apelo, e o juízo *ad quem*[268] sustentou, valendo-se do parecer do *Parquet*, que a ação popular não é "panacéia universal". Desta forma, é "juridicamente impossível obter prestação jurisdicional consistente em obter revogação de ato de governo, sob fundamento de que não convém ao interesse do povo".

A hipótese é realmente singular. São poucos os casos em que é feita uma criteriosa análise da inicial no tocante aos seus pressupostos básicos. Como resultado, tem-se ações populares que tramitam nos fóruns onde o objeto, isto é, o ato administrativo a que se pretende a nulidade não está suficientemente delimitado. Assim, por exemplo, ação popular que se propõe a investigar toda a propaganda de Governo Estadual. Ora, tal na prática inviabiliza o sucesso da ação, já que por demais amplo e sem apontar o ato administrativo considerado ilegal. Imagine-se a investigação dos gastos feitos com propaganda (jornais, televisão, *out-doors*, revistas, panfletos etc.) durante quatro anos. É ação que, de forma pretensiosa, pretende tudo, com a possibilidade de ao final, após longuíssima tramitação judicial, pode-se ver completamente vazia, já que não tinha um objetivo claro delimitado de início. Não se quer com isto tolher o exercício da ação popular, remédio muito democrático, mas disciplinar corretamente o seu uso, fazendo-se com que seja garantida a sua eficácia.

5.3.3. Ilegitimidade passiva

"AÇÃO POPULAR. INTIMAÇÃO. PUBLICAÇÃO QUE NÃO DECLINA OS NOMES DOS RÉUS. REFERÊNCIA AOS CARGOS. ATOS INEXISTENTES. AGRESSÃO DE LEI EM TESE.

---

[268] Rel. Des. Alberto Nogueira, op. cit., p. 427.

SUBSTITUIÇÃO DA AÇÃO DIRETA DE INCONSTITUCIO-
NALIDADE. PESSOAS QUE NÃO PRATICARAM OS ATOS
IMPUGNADOS. ILEGITIMIDADE. FALTA DE CONDIÇÕES
DA AÇÃO. EXTINÇÃO SEM JULGAMENTO DO MÉRITO.
I - No processo de ação popular, as autoridades que
contribuíram para o ato impugnado integram o
processo como pessoas físicas. Por isto, carece de
eficácia intimatória, a publicação que não declina
seus respectivos nomes, limitando-se em chamar
tais pessoas, pelo cargo que exercem ou exerciam.
II - A ação popular pressupõe a existência de um
ato administrativo. Não basta a perspectiva de vir a
ocorrer tal ato, mesmo frente à Lei determinando
sua prática.
III - Não é possível exercer ação popular, para
agredir determinada Lei, ao fundamento de que ela
tem potencial para gerar atos ilegais. Semelhante
desafio equivale a declarar-se a imprestabilidade,
em tese, do diploma legal. Tanto importa em fazer a
ação popular um sucedâneo da ação direta de
inconstitucionalidade.
IV - É manifesta a ilegitimidade passiva de pessoas
que - mesmo em sendo competentes - não praticaram,
autorizaram, aprovaram nem ratificaram qualquer
ato semelhante àqueles impugnados na ação popular.
V - Não adimplidas as condições da ação, declara-
se extinto o processo sem julgamento do mérito".
Unânime.[269]

Trata-se de ação que, por falta de cumprimento de
uma formalidade, não constatou os nomes dos réus nas
publicações, tendo constado somente os cargos, não foi
possível adentrar no mérito. Por isso, deve-se estar
atento às condições da ação.

---

[269] Ementa do Recurso Especial nº 97.610, 1ª Turma do STJ, Mato Grosso do
Sul. Recorrentes: Marcelo Miranda Soares e outros e Recorridos: Joarce da
Silva Camargo e outros. Relator: Min. Humberto Gomes de Barros. J.
7/10/96, DJU 11/11/96. *In LEX* vol. 92, p. 231.

5.4. QUANTO AOS REQUISITOS (ILEGALIDADE E LESIVIDADE)

5.4.1. Exigindo apenas um dos requisitos

"AÇÃO POPULAR. PROCEDÊNCIA. PRESSUPOSTOS. NA MAIORIA DAS VEZES, A LESIVIDADE AO ERÁRIO PÚBLICO DECORRE DA PRÓPRIA ILEGALIDADE DO ATO PRATI-CADO. ASSIM O É QUANDO DÁ-SE [sic] A CONTRATA-ÇÃO, POR MUNICÍPIO, DE SERVIÇOS QUE PODERIAM SER PRESTADOS POR SERVIDORES, SEM A FEITURA DE LICI-TAÇÃO E SEM QUE O ATO ADMINISTRATIVO TENHA SIDO PRECEDIDO DA NECESSÁRIA JUSTIFICATIVA". Unânime.[270]

Trata-se de ação popular interposta contra a Prefeitura Municipal de Sertãozinho, que contratou empresa de consultoria sem a licitação, deixando de explicar os motivos pelos quais o fazia. Existiam outras empresas que poderiam prestar os serviços e até mesmo funcionários da Prefeitura. Chama a atenção que a empresa contratada tenha como sócios um ex-prefeito, um ex-presidente da Câmara e um ex-procurador da Prefeitura Municipal. Da ilegalidade foi gerado o prejuízo para os cofres públicos.

O relator expressamente se pronunciou no sentido de que em verdade é exigível um só requisito na ação popular, já que da lesividade decorre a ilegalidade. Assinalou categoricamente: "Não são, pois, dois os requisitos objetivos para o acolhimento da ação popular. É mania do doutrinador criar obstáculos à livre ação dos

---

[270] Ementa do Recurso Extraordinário nº 160.381, 2ª Turma do STF, São Paulo. Recorrentes: M & S Consultoria Integrada S/C Ltda e outros e Recorrido: Carlos Alberto Mazer. Relator: Ministro Marco Aurélio. J. 29 de março de 1994. *In RTJ* nº 153, pp. 1.022/32.

cidadãos, instituindo exigências que a norma constitucional não prevê"[271].

Houve entendimento dos Ministros no sentido de que, na espécie, a ilegalidade indica a ocorrência de lesão. Foi considerado, ainda, que não era caso de dispensa de licitação e tampouco a empresa era notoriamente especializada. Desta forma, este é caso de acórdão paradigmático que dignifica o Judiciário brasileiro, mormente porque proferido pela mais alta Corte de Justiça, que valorizou os princípios da boa administração.

No mesmo sentido, o acórdão que discutiu a matéria em 2º grau, cuja a ementa a seguir se transcreve:

"AÇÃO POPULAR - ATO ADMINISTRATIVO LESIVO AO PATRIMÔNIO PÚBLICO - ILEGALIDADE - REQUISITO OBJETIVO ÚNICO PARA O ACOLHIMENTO DA AÇÃO. Não são dois os requisitos objetivos para o acolhimento da ação popular, mas um só. A lesividade decorre da ilegalidade. Está *in re ipsa*. O agente administrativo apenas pode decidir em face das finalidades encampadas no ordenamento normativo. A ele é dada a competência apenas para que atinja boa prestação de serviços públicos. O fim gizado na norma constitucional ou legal é o objetivo único do agente. Sua competência destina-se a alcançar os fins traçados no sistema normativo. A ilegalidade do comportamento, por si só, causa o dano. Dispensável à existência de lesão. Se moral está no próprio objeto do ato administrativo ou, no objeto do contrato". Maioria de votos.[272]

---

[271] Min. Marco Aurélio, op. cit., p. 1.031, grifos nossos.

[272] Ementa dos Embargos Infringentes nº 121.513-1, 8ª Câmara Cível do TJSP, Sertãozinho, Embargante: Carlos Alberto Mazer, Embargados: M & S - Consultoria Integrada S/C Ltda. e outros. Relator: Des. Régis de Oliveira. J. 13 de março de 1991, RT nº 692, pp. 59/65, jun. 1993.

5.4.2. Exigindo dois requisitos

"AÇÃO POPULAR - PRESSUPOSTOS - LESIVIDADE AO PATRIMÔNIO PÚBLICO E QUE O ATO LESIVO SEJA CONTAMINADO DE VÍCIO - FALTA QUE IMPLICA NA SUA INADMISSIBILIDADE. Voto vencido. São pressupostos da ação popular, sem os quais a pretensão é inacolhível entre outros: a lesividade do ato ao patrimônio público e que o ato lesivo seja contaminado de vício ou defeito de nulidade ou anulabilidade.
São, pois, duas as condições da *actio populares*, de coexistência necessária e indeclinável, que interessam ao debate. A falta de qualquer dessas condições afasta a admissibilidade da ação"[273]

O relator entendeu que da análise da ação popular prevista no artigo 5º, inciso LXXIII, da CF, e disciplinada pela Lei nº 4.717/65, são dois os pressupostos da ação popular: a lesividade do ato ao patrimônio público, e que o ato lesivo seja contaminado de vício ou defeito de nulidade (ou anulabilidade).

Em sentido contrário, o voto vencido do Des. Cunha Cintra, que declarou: "... *a lesividade decorre da ilegalidade, que, por si só, causa dano, lesando o patrimônio público*. Os serviços foram prestados, mas, não se sabe se, realizada a concorrência, haveria proposta inferior em termos valorativos, para a prestação dos mesmos serviços ou até melhores. A lesão está aí. Na dispensa indevida da licitação. Acertada, portanto, a decisão de primeiro grau que julgou válido o contrato de fls."[274].

---

[273] Ementa da Apelação nº 214.815-1/9, 4ª Câmara Cível do TJSP, Campinas, Apelantes e reciprocamente apelados: Célia Camargo Leão Edelmuth, Jacob Bittar (Prefeito Municipal de Campinas) e outra, Círculo de Comunicação Comércio e Propaganda Ltda. e José Benedito Schneider. Relator: Des. Barbosa Pereira. J. 24 de novembro de 1994, RT nº 714, p. 116/20, abr. 1995.

[274] Des. Cunha Cintra, op. cit., p. 119.

Refere-se também o acórdão (Ap. n.º 85.024-PE) transcrito no item 5.2.3, desse trabalho, onde o juízo *ad quem* propugnou pela necessidade do binômio ilegalidade e lesividade. Menciona-se, ainda, o acórdão n.º 26.958-1, acima transcrito no item 5.2.4. E, também, a Apelação Cível n.º 241.510-1[275].

---

[275] Ap. Cível n° 241.510-1, 8ª Câmara de Direito Público do Tribunal de Justiça do Estado de São Paulo, Guarujá, unânime. Apelante: Ministério Público e Apelados: Prefeitura Municipal e outros e Incorp. J. 22/5/96. *In* LEX vol. 180, p. 17.

6. Ação civil pública

6.1. QUANTO À LEGITIMIDADE DO MINISTÉRIO PÚBLICO

6.1.1. Reconhecendo a legitimidade

"AÇÃO CIVIL PÚBLICA. PROTEÇÃO DO PATRIMÔNIO PÚBLICO. IMPROBIDADE ADMINISTRATIVA. MINISTÉRIO PÚBLICO: LEGITIMIDADE ATIVA. Ação civil pública de improbidade administrativa e de ressarcimento de danos intentada contra Vereadores e ex-Vereadores pelo recebimento de diárias e transportes indevidos, e de remuneração sem o desconto por faltas injustificadas a sessões do Legislativo cumulada com o pedido de decretação de afastamento das funções e inelegibilidade. Legitimação ativa do Ministério Público, afirmada expressamente na Constituição (art. 129, III), ou nela implicitamente inscrita (arts. 129, IX, e 58, § 4º), e nas Leis nºs 8.429/92 (arts. 15, 17, §§ 3º e 4º, e 22) e 8.625/93 (art. 25, IV, letra *b*). Sentença extintiva, fundada em ilegitimidade ativa. Recurso provido, reconhecendo-se no caso o cabimento da ação, a legitimação do Ministério Público e a necessidade de participação do Município como litisconsorte". Unânime.[276]

Cuida-se de ação proposta pelo Ministério Público contra Abdo Achutti Mottecy e outros, tendo como base o inquérito civil instaurado para apurar irregularidades no tocante ao pagamento de diárias, passagens, outras despesas e faltas injustificadas às sessões sem correspondente desconto em seus vencimentos.

O juízo *a quo* entendeu de julgar extinto o feito, por entender que o Ministério Público era parte ilegítima e que se tratava de um mero interesse patrimonial e, portanto, disponível para o ente estatal, não estando presentes os requisitos necessários que justificassem a propositura de ação civil pública.

Com muita propriedade, discorreu o Des. Relator entendendo que dentre as funções institucionais do Ministério Público encontra-se a defesa do patrimônio público, consoante dispõe o artigo 129, inciso III, da Constituição Federal.

Apesar de a doutrina tratar sob a denominação de ação de improbidade, constitui-se a mesma numa espécie do gênero ação civil pública quando proposta pela instituição do Ministério Público.

Ponderou o revisor Des. Sérgio Müller[277] que a propositura de ação civil pública colabora com a diminuição do número de processos e, portanto, deve ser bem-vinda pelos juízes e jurisdicionados.

Assim, acertadamente decidiu o v. acórdão. A posição do juízo de 1º grau não tem como subsistir à luz do regramento constitucional. E, também, não prospera o argumento de que o interesse do Estado é meramente econômico, havendo disponibilidade patrimonial sobre

---

[276] Ementa da Apelação Cível nº 595 109919, 2ª Câmara Cível do TJRS, Santa Maria, Apelante: Ministério Público e Apelado: Abdo Achutti Mottecy e outros. Relator: Des. Élvio Schuch Pinto. J. 14 de fevereiro de 1996, Revista de Jurisprudência do TJRGS nº 175, p. 622, abril de 1996.

[277] Acórdão op. cit., p. 626.

o mesmo. Nas causas em que envolvem o Estado está sempre presente o interesse público. Este não se identifica necessariamente com o interesse governamental, mas é estreitamente vinculado com o interesse da sociedade. E, ainda, as causas que envolvem o erário são de natureza pública, já que dizem respeito ao patrimônio de toda a comunidade. Assim, o Estado não tem a disponibilidade dos bens, tal como um particular, sendo que toda a sua atuação deve ser pautada em consonância com o Princípio da Legalidade. Destarte, o julgamento proferido pelo juízo *ad quem* restaurou os princípios da Justiça.

Da mesma forma, o entendimento manifestado pelo Superior Tribunal de Justiça:

> "AÇÃO CIVIL PÚBLICA - Danos ao patrimônio público - Propositura pelo Ministério Público - Legitimidade *ad causam* - Campo de atuação ampliado pela CF/88 visando à proteção do patrimônio público e social do meio ambiente e de outros interesses difusos e coletivos sem a limitação imposta pelo art. 1º da Lei nº 7.347/85 - Inteligência e aplicação do art. 129, III da CF/88". Unânime.[278]

O Ministério Público interpôs ação civil pública em virtude de danos causados ao patrimônio público. Em decisão saneadora, o magistrado afastou a preliminar de ilegitimidade ativa do Ministério Público. Interpôs o ora recorrente agravo de instrumento. O TJSP negou provimento ao agravo, alegando que o Ministério Público tem legitimidade constitucional para a propositura de ação civil pública. O recorrente invoca violação à legislação federal. O recurso especial não foi conhecido.

Muito bem decidiu o STJ quando asseverou que a defesa do patrimônio público não se restringe ao cidadão através da ação popular. O Ministério Público é

---

[278] Ementa do Recurso Especial nº 67.148 - SP, 6ª Turma do STJ, Recorrente: Evandro Vitorino e Recorrido: Ministério Público. Relator: Min. Adhemar Maciel. J. 25 de setembro de 1995, *in RT* nº 727, p. 138, maio de 1996.

legitimado via ação civil pública. Citado precedente anterior, no mesmo sentido: Recurso Especial nº 31.547-9/SP[279] e Agravo de Instrumento nº 96.01.17231-9[280]. E, também, a legitimidade foi expressamente reconhecida no item II.4.a .

6.1.2. Reconhecendo a ilegitimidade

"AÇÃO CIVIL PÚBLICA - Descabimento - Propositura pelo Ministério Público - Reparação de dano ocasionado ao patrimônio público por subvenções sociais - Objetivo da ação popular - Decretada a carência de ação - Inteligência do art. 5, LXXIII, da CF. Ementa Oficial: Ilegitimidade do Ministério Público, quando cabível eventual ação popular. Pedido impossível de condenação a reparar o dano, pagando aos cofres municipais. Mescla de ações injustificável. Ementa da Redação: A Constituição da República ampliou a legitimação do Ministério Público, para intentar o inquérito civil e a ação civil pública (art.129,III). Primeiramente, surge necessário não esquecer de que a Lei Maior exige irromperem indisponíveis, sempre, os interesses sociais e individuais, defendidos pelo Ministério Público. Segundo, a Constituição se refere a interesses difusos e coletivos. Defendendo a Promotoria direito alheio, de natureza patrimonial, pertencente à municipalidade, há que se ressaltar que a mesma possui representação legal e advogados aptos a defendê-la. Não se cuida ademais, de interesses difusos e coletivos.

---

[279] Recurso Especial nº 31.547-9/SP. Rel. Min. Américo Luz, DJU 8/11/93, p. 23.546.

[280] Agravo de Instrumento nº 96.01.17231-9/MA. 3ª Turma do TRF, 1ª Região, Agravante: Estado do Maranhão e Agravado: Ministério Público Federal. Rel. César Carvalho. J. 1º/10/96. In LEX vol. 91, p. 397.

Trata-se, outrossim, de objeto da ação popular (art. 5, LXXIII, da CF), havendo de se reconhecer a carência de ação, nos termos do art. 267, VI, e § 3º, c/c art. 329, do CPC)". Maioria.[281]

Cuida-se de julgamento que desconhece o patrimônio como interesse difuso e a ação civil pública para a tutela do mesmo. O dispositivo constitucional do art. 129, III, da CF, é expresso ao estabelecer a legitimidade do Ministério Público para a propositura da referida ação. Felizmente o acórdão é isolado e não foi unânime.

6.2. QUANTO À IDONEIDADE DA AÇÃO CIVIL PÚBLICA COMO MEIO DE PROTEÇÃO AO PATRIMÔNIO PÚBLICO

6.2.1. Considerando idônea

Têm-se todos os julgados que examinam o mérito da ação civil pública, que algumas vezes, apesar de não haver manifestação formal a propósito da preliminar, passam a adentrar no mérito. Citam-se, exemplificativamente, os julgados dos itens B.3, 4 e 5 do presente trabalho.

6.2.2. Considerando inidônea

"AÇÃO CIVIL PÚBLICA - Ato administrativo lesivo ao erário - Propositura pelo Ministério Público contra Prefeito Municipal visando à restituição de dinheiro por ele desviado - Meio inidôneo - Cabimento da ação popular - Hipótese, porém, em que o pedido

---

[281] Agravo de Instrumento nº 274.440-1/6, 7ª Câmara de Direito Público do TJSP, Agravantes: Benedito Pinotti e outras e Agravado: o Ministério Público. Relator: Des. Sérgio Pitombo. J. 18 de março de 1996, *in RT* nº 730, p. 234, agosto de 1996.

não pode ser recebido como ação popular, em face da ilegitimidade *ad causam* do *Parquet"*. Unânime.[282]

Trata-se de ação civil pública proposta pelo Ministério Público, com relação ao então Prefeito Municipal de Viçosa, uma vez que este teria utilizado verbas públicas para imprimir cadernos em cuja capa se achava estampada a sua fotografia para a distribuição nas escolas da municipalidade, visando ao ressarcimento dos cofres públicos das aludidas importâncias (custo de impressão dos cadernos no total de 7.000 volumes).

Entendeu o juízo *a quo* que a via adequada para esse fim é a ação popular, e não a ação civil pública, pois esta não teria a abrangência daquela no que se refere à anulação de ato lesivo ao patrimônio público e/ou moralidade administrativa.

Estarrecedoramente a decisão foi confirmada pelo juízo *ad quem*. Trata-se, felizmente, com a devida vênia, de entendimento minoritário. O acórdão desconheceu o artigo 129, III, da CF, que trata da ação civil pública para a defesa do patrimônio público, o artigo 15, inciso IV, letra *b*, da Lei nº 8.625/93, e o artigo 17 da Lei nº 8.429/92.

No mesmo sentido, o julgamento proferido no Agravo de Instrumento n° 274.440 - 1/6, *in RT* 730/234, que se encontra no item II.1.2.

6.3. CONCESSÃO DE LIMINAR

6.3.1. Sustação da publicidade e indeferimento do seqüestro de bens

"AÇÃO CIVIL DECLARATÓRIA DE ATO DE IMPROBIDA-
DE E DE REPARAÇÃO DE DANOS CAUSADOS AO PATRI-
MÔNIO PÚBLICO.

---

[282] Ementa da Apelação Cível nº 10.061-0, 5ª Câmara Cível do TJMG, Apelante: Ministério Público e Apelado: Antônio Chequer. Relator: José Loyola. J. 14 de outubro de 1993, *in RT* nº 716, p. 253, junho de 1995.

Deferimento liminar da sustação de publicidade atentatória ao princípio da impessoalidade (CF, art. 37) e denegação de seqüestro cautelar (Lei nº 8.429/92, art. 37, § 4º). Recurso do Ministério Público improvido, por não demonstrado o *periculum in mora*". Unânime.[283]

Cuida-se de ação civil pública proposta pelo Ministério Público visando à declaração de ato de improbidade e de reparação de danos causados ao patrimônio público, decorrentes de publicidade elaborada não com o objetivo de divulgar a administração, mas de fazer promoção pessoal.

A cautela antecipada foi concedida no tocante à parte de que o demandado se abstenha de veicular publicidade, onde se incluem expressões violadoras do princípio da impessoalidade. Não foi concedida com relação ao seqüestro de bens, considerando que o magistrado entendeu não haver elementos que indicassem a dissipação ou dilapidação de bens. Nesses termos foi referendada a decisão do juízo *a quo* pelo juízo *ad quem*.

Trata-se de ação civil pública proposta com base na lei da improbidade, que se constitui em instrumento mais ágil no combate à lesão causada ao patrimônio público.

Quando não se vislumbra claramente a possibilidade de obter comprovação dos requisitos da cautelar com o intuito de se conseguir o seqüestro, uma possibilidade é o pedido de indisponibilidade dos bens. Por se tratar de medida menos gravosa ao patrimônio do réu, o Poder Judiciário concede com mais facilidade, e o juízo fica garantido.

---

[283] Ementa do Agravo de Instrumento nº 595173519, 2ª Câmara Cível do TJRS, Sapucaia do Sul, Agravante: Ministério Público e Agravado: Município de Sapucaia do Sul. Relator: Des. Élvio Schuch Pinto. J. 27 de dezembro de 1995, *in RJTJRGS* nº 175, tomo I, p. 427, abril de 1996.

6.3.2. Licitação dita fraudulenta e indeferimento do seqüestro

"AÇÃO CIVIL PÚBLICA. CAUTELAR. LEI Nº 8.429/92, ART.16. Demanda ajuizada contra ex-Prefeito e empreiteira com vistas à indenização do Município por danos decorrentes da má-execução de obra de asfaltamento de via pública, precedida de licitação afirmadamente fraudulenta. Cautelar liminar de seqüestro de bens móveis e imóveis do primeiro, e de todos os bens da segunda. Recurso do ex-Prefeito provido, por não demonstrados os requisitos autorizadores da cautelar". Unânime.[284]

Cuida-se de pedido de declaração de ato de improbidade decorrente de licitação fraudulenta com pedido de indenização do ex-Prefeito e da empreiteira. O magistrado concedeu o seqüestro dos bens do requerido. Houve agravo, interposto pelo ex-administrador, e o juiz reconsiderou em parte a decisão, mantendo a constrição no tocante aos bens móveis e imóveis e liberando os depósitos bancários.

Entendeu o Desembargador-Relator que, apesar de o seqüestro de bens estar previsto em lei especial, a medida não perde a sua natureza de cautelar. Daí decorre a necessidade de indicação e especificação dos bens seqüestráveis, bem como a relação temporal do evento objeto da ação com a respectiva aquisição dos bens. E, ainda, a necessidade de comprovar o receio fundado de que o demandado vá dilapidar ou dissipar o seu patrimônio.

As considerações a serem formuladas são semelhantes à do item anterior, já que, quando não se tem a

---

[284] Ementa proferida no Agravo de Instrumento nº 595176843, 2ª Câmara Cível do TJRS, Montenegro, Agravante:Ubirajara Rezende Mattana e Agravado: Ministério Público. Relator: Des. Élvio Schuch Pinto. J. 27 de dezembro de 1995, *in RJTJRGS* nº 175, tomo I, p. 429, abril de 1996.

demonstração cabal dos requisitos autorizadores da medida liminar, é de maior conveniência o pedido de indisponibilidade de bens. Há de se louvar, entretanto, a proposição da ação civil pública com base na lei da improbidade.

6.3.3. Conflito de competência: Justiça eleitoral e Justiça comum

"CONFLITO DE COMPETÊNCIA - Ação Civil Pública. Uso de símbolos pessoais de campanha por candidato eleito. Prejuízos aos cofres públicos. Precedentes do STJ e TSE. 1. A competência da Justiça Eleitoral se exaure com a diplomação dos eleitos. 2. Compete à Justiça Comum Estadual julgar ação civil pública visando responsabilizar Prefeito Municipal por prejuízos aos cofres públicos pelo uso de símbolos pessoais no exercício do mandato. 3. Conflito conhecido e provido para declarar competente o Tribunal de Justiça do Estado, o suscitado". Unânime.[285]

O Ministério Público moveu ação civil pública visando a responsabilizar o Prefeito por prejuízos causados ao patrimônio público em virtude do uso de símbolos pessoais anteriormente utilizados em campanha eleitoral - o desenho de uma vela acesa e a frase de Confúncio: "Mais vale acender uma vela que amaldiçoar a escuridão". Depois de eleito, continua a usar os mesmos símbolos pessoais em cadernos escolares, tabuadas e demais impressos da Prefeitura.

---

[285] Ementa proferida no Conflito de Competência nº 5.286-6- CE, 1ª Turma do STJ, Suscitante: Tribunal Regional Eleitoral do Estado do Ceará e Suscitado: Tribunal de Justiça do Estado do Ceará. Relator: Min. Garcia Vieira. J. 14 de setembro de 1993, *Revista do STJ*, Brasília, ano 6, vol. 56, p. 20, abril de 1994.

Interposto agravo de instrumento em que é discutida a competência da Justiça Eleitoral ou Justiça Comum. Para os Ministros, a competência é da Justiça Estadual, pois uma vez expedido o diploma de nomeação, cessa a competência da Justiça Eleitoral. Citados outros conflitos anteriormente julgados, cuja decisão foi no mesmo sentido.

A questão não envolve grandes dificuldades. Tratando-se de lesão ao patrimônio público ocorrido durante o exercício do mandato, absolutamente coerente que a competência seja da Justiça Comum, ainda que com a utilização de símbolo de campanha. Não mais se está discutindo matéria eleitoral, mas dispêndio durante o exercício do mandato, este o escopo principal da ação.

6.4. DECRETANDO A NULIDADE DO ATO E O DEVER DE INDENIZAR

6.4.1 Subvenção do poder público à sociedade esportiva

"CONSTITUCIONAL, PROCESSUAL E ADMINISTRATIVO. AÇÃO CIVIL PÚBLICA. SOCIEDADES ESPORTIVAS. SUBVENÇÃO DO PODER PÚBLICO. Ação desconstitutiva de lei formal de efeito concreto que autorizou contribuição a uma sociedade esportiva sob alegação de afronta ao artigo 195, § 3º, da CF, e ao princípio da moralidade administrativa. Competência do Juízo de 1º grau; legitimidade *ad causam* do Ministério Público. Cabimento da ação civil em defesa do patrimônio público. Ação julgada procedente, com a condenação da entidade beneficiária a devolver a contribuição recebida e condenação subsidiária do Prefeito e Vereadores. Inexistência de afronta ao princípio da moralidade. Reconhecimento de ilegalidade *lato sensu* (por ofensa ao art. 195, § 3º, da CF), apenas no pagamento da subvenção. Recurso do Município e do clube beneficiário improvidos. Provimento do apelo dos Vereadores". Unânime.[286]

O Ministério Público promoveu ação civil pública, de caráter cautelar, contra o município de Passo Fundo, porque foi publicada lei que aprovou a abertura de crédito especial-doação no valor de Cr$ 600.000.000,00, em moeda da época, correspondente a aproximadamente U$ 20.111,00, ao esporte Clube local, entidade de futebol profissional. Na inicial é descrita a situação econômico-financeira do município que não poderia gastar dinheiro com atividade não essencial.

Concedida medida liminar e ajuizada ação principal com mais réus, ou seja, além do município, o Esporte Clube Passo Fundo, Câmara de Vereadores, o Prefeito Municipal e os Vereadores, respectivamente nominados. A ação pede a declaração de ineficácia da referida lei e a declaração de inconstitucionalidade, de forma incidental, por violar ao artigo 195, § 3º, da CF e o princípio da moralidade administrativa. Requereu, também, a condenação solidária dos requeridos ao pagamento de indenização aos cofres públicos, correspondente ao valor entregue ao clube donatário no valor de Cr$ 200.000.000,00, acrescidos de juros e correção monetária. Apresentadas contestações, o feito foi julgado de forma procedente, excluído apenas um dos vereadores que não participou da votação da lei, proibido repasse do restante das verbas, declarada a ineficácia da lei municipal por padecer de vício da imoralidade administrativa e condenação de forma subsidiária do Prefeito e dos Vereadores. Interposto apelo dos vencidos.

---

[286] Ementa proferida na Apelação nº 594143091, 2ª Câmara Cível do TJRS, Passo Fundo, Apelantes: Município de Passo Fundo, Adirbal da Silva Corralo e outros, Antônio Carlos Loss e outros e Apelado: Ministério Público. Relator: Des. Élvio Schuch Pinto. J. 13 de dezembro de 1995, *in RJTJRGS* nº 175, tomo II, p. 479, abril de 1996.

O acórdão referendou a argumentação da sentença, estatuindo: "Trata-se, no caso de lei meramente formal, de efeitos concretos - verdadeiro ato administrativo material -, insuscetível ao controle de constitucionalidade pela via concentrada em ação direta, e por isso mesmo sujeita ao controle difuso, no juízo em que foi proposta ação. Também foi corretamente repelida a preliminar de carência da ação civil pública, na espécie. A adequação da via procedimental eleita e a legitimação para a causa, do Ministério Público, decorrem de disposição expressa da Constituição Federal, em seu art. 129, III, que inclui, entre suas funções institucionais, 'promover o inquérito civil e a ação civil pública, para a proteção do patrimônio público e social, do meio ambiente e de outros interesses difusos e coletivos'."[287]

Ressaltado que o Esporte Clube de Passo Fundo é pessoa jurídica e que, quando recebeu a primeira parcela das vantagens pecuniárias, estava em débito com o sistema de seguridade social e que contra o mesmo pendiam execuções fiscais. Por força do disposto no art. 195, § 5º, da CF, não poderia contratar com o Poder Público, nem dele receber benefícios ou incentivos fiscais ou creditícios. Por isso, entenderam os desembargadores, que: "Quem recebeu o que não podia, e quem pagou o que não devia, deve devolver ou ressarcir. Tem-se, assim, como correta a condenação da entidade esportiva ré a devolver. Igualmente correta a condenação subsidiária do Prefeito como ordenador da despesa efetiva *contra legem*"[288]

Foi apenas excluída a ofensa ao princípio da moralidade sob a alegação de que o projeto de lei aprovado passou pelo crivo da Comissão de Legislação que emitiu parecer favorável, afirmando sua constitucionalidade e legalidade. Considerando que os vereadores não pos-

[287] Acórdão op. cit. p. 481.

[288] Acórdão op. cit. p. 483.

suem formação jurídica e têm os mais variados graus de formação intelectual, não lhes era exigível tal conhecimento.

O magistrado expressamente se posicionou no sentido de que uma boa administração, voltada para o bem comum do povo, deve priorizar outros projetos que visem a erradicar a pobreza e a marginalização, melhorar a saúde, a educação etc., antes de auxiliar as práticas desportivas.

O Tribunal manifestou-se no sentido de que o estabelecimento dessas prioridades se constitui em atribuição política reservada aos Poderes Legislativo e Executivo, no exercício regular da discricionariedade. Considerou, também, que não era conhecido o orçamento do município de forma globalizada a fim de constatar se o aludido gasto era realizado em detrimento dos demais investimentos tidos como prioritários. Assim, provido o apelo dos Vereadores e negado provimento ao recurso do Município e do Esporte Clube Passo Fundo.

Trata-se de julgamento onde foram discutidos temas de grande relevância, tais como: possibilidade de argüição de inconstitucionalidade, por via incidental em ação civil pública, legitimidade do Ministério Público para propositura da ação, dever de indenizar, moralidade e discricionariedade administrativa e limites à revisão judicial.

A sentença de 1º grau a toda evidência abordou o tema com muita profundidade e extrema coragem.

O v. acórdão posicionou-se a respeito de questões polêmicas. Discorda-se, somente, nas questões da moralidade, da discricionariedade e dos limites à revisão judicial.

Quanto à moralidade, trata-se de conceito extremamente polêmico. Indaga-se: inexiste afronta à moral média o pagamento da referida importância? Estamos em um país pobre, onde não há recursos aplicados em áreas prioritárias como a saúde e a educação, seja pela insuficiência de recursos, mal emprego ou até mesmo desvios de verbas e, apesar disso, coloca-se dinheiro público em sociedade esportiva de futebol. Numa linha de prioridades, acredita-se que somente após resolvidos de forma satisfatória os déficits dos setores prioritários é que se poderia cogitar de empregar verbas públicas em sociedades desportivas.

E, *ad argumentandum*, ainda que se fosse considerar saneados os setores prioritários, o que justificaria o investimento no futebol em detrimento dos demais esportes? Ora, sabe-se a devoção de grande parcela dos brasileiros ao futebol. Há de se levar em conta, porém, que existem outros tantos esportes em ascensão a justificar, então, investimentos, tais como: o voleibol, o basquetebol, a natação etc. Nessa linha de raciocínio, todos os outros teriam de ser contemplados, sob pena de discriminação aos demais e afronta ao princípio da isonomia. Isso somente no âmbito do esporte, sendo que se teria a área cultural a reclamar investimentos, tais como a dança, a música, o teatro, a literatura etc. Desta forma, acredita-se que realmente houve ofensa à moralidade.

Entende-se, também, que o Poder Judiciário não estaria a se imiscuir em áreas que lhe são vedadas. Ao contrário, exerceria o verdadeiro controle que lhe cabe. Outrossim, não se substituiria ao administrador ao elencar prioridades em sua atuação, porém viria ao encontro dos ditames legais, eis que agindo em conformidade aos preceitos estabelecidos pela Constituição como forma de viabilizar e implementar algumas normas programáticas contidas na Magna Carta. Assim, estando as prioridades a ser desenvolvidas pelo Estado na Constituição, o Executivo, através de seus membros, não possui atividade discricionária, neste aspecto, pois seus atos se encontram subordinados aos regramentos legais. Por estes motivos, é possível o controle judicial sobre os atos administrativos. No sistema de controles recíprocos entre poderes, ao Judiciário incumbe a fiscalização dos atos emanados do Legislativo e da administração.

6.4.2. Decreto legislativo municipal que fixa diárias para vereadores em valor abusivo

"CONSTITUCIONAL E ADMINISTRATIVO. Remuneração e diárias de Vereadores. Limites da CF, art.37. Princípio da moralidade, avistado este objetivamente. Ação civil pública procedente. Sentença confirmada" Unânime[289]

Trata-se de ação civil pública proposta pelo Ministério Público contra a Câmara Municipal de Triunfo visando à anulação do Decreto-lei nº 1/93 [sic], que fixava as diárias devidas aos vereadores em diversas situações. Tal produção legislativa maculava o princípio da moralidade administrativa, já que se constituía em abuso e desvio de poder, promovendo enriquecimento ilícito às custas dos cofres públicos. Pediu o ressarcimento das exorbitantes quantias recebidas.

O processo teve seu trâmite e, ao final, houve sentença de procedência. O magistrado asseverou que, face às pressões populares, foi editado o Decreto-lei nº 2/95 [sic], que reduziu o valor das diárias ao padrão adotado pela Assembléia Legislativa do Estado. Os valores que a esse excederam devem ser devolvidos.

O acórdão manteve a sentença e é daqueles que dignificam o Poder Judiciário Gaúcho. Proclamou a legitimidade do Ministério Público e condenou ao ressarcimento dos valores que excederam ao razoável, tomando por parâmetro a fixação das diárias, através do

---

[289] Ementa proferida na Apelação nº 596027847, 2ª Câmara Cível do TJRS, Triunfo, Apelante: Câmara Municipal de Triunfo e Apelado: Ministério Público. Relator: Des. Sérgio Müller. J. 10 de abril de 1996, *in RJTJRGS* nº 175, tomo II, p. 789, abril de 1996.

posterior Decreto legislativo, com a adequação aos limites fixados pela Assembléia Legislativa.

Foi trazida a remuneração dos vereadores de maio a outubro de 1995, no valor de R$ 2.915,92, e a tabela das diárias: no Estado, sem pernoite, R$ 87,48; no Estado, com pernoite, R$ 174,96; fora do Estado, R$ 437,39; e fora do país, R$ 874,78. Faz comparações que as diárias do exterior dariam para hospedagem no Hotel Plaza de Nova Iorque.

Reconhecida a ofensa ao princípio da moralidade administrativa, já que o pagamento das diárias criou uma forma oblíqua de remuneração. Não se trata, destarte, de análise subjetiva da moral. Assim, a nulidade do referido decreto foi mantida, bem como a forma de ressarcimento estatuída na sentença .

Cuida-se de decisão proferida em órgão monocrático e em órgão colegiado que muito bem apanhou a questão e fez incidir no caso concreto o princípio constitucional da moralidade administrativa. Deu os exatos lindes do que é razoável dentro do legal. Demonstrou que sob o manto da legalidade não podem coexistir situações de arbitrariedade, principalmente em se tratando daqueles a quem incumbe legislar, não o podem fazer em benefício próprio, em detrimento da coletividade. Caracterizando-se, então, nítido desvio de finalidade e abuso de poder.

6.4.3. Gastos exagerados que fogem ao âmbito da discricionariedade

"VEREADOR - Lesão ao Erário - Ação Civil Pública proposta pelo Ministério Público - Vereadores participantes da Mesa Diretora da Câmara que, no exercício do mandato concederam, honrarias e títulos de cidadão, promoveram jantares comemorativos, com gastos, com aquisição de bebidas, comestíveis, peças de vestuários, ornato de flores, cujas despesas foram pagas pelo Erário - Ato discricionário inocorrente - Abuso e desvio de finalidade caracterizados - Devolução determinada aos cofres públicos das quantias despendidas corrigidas monetariamente - Procedência decretada" Unânime[290].

Trata-se de ação civil pública movida pelo Ministério Público contra vereadores que, no exercício de seus mandatos, praticaram atos que ofenderam aos princípios da legalidade e da moralidade, violando a ética na Administração, fazendo com que o ato administrativo padecesse de desvio de finalidade. A prodigalidade consistia em conceder honrarias e títulos de cidadão, promovendo em tais ocasiões jantares comemorativos com gastos em comidas e bebidas, tudo acompanhado de convites, flores, contratação de serviçais e aquisição de vestuário patrocinados com o dinheiro público.

A sentença julgou improcedente o feito, sob o fundamento de não haver restrição à concessão dos títulos de cidadania, já que a lei não estabelece um limite para a sua outorga. Com relação aos gastos adicionais, asseverou que não fere o senso de moralidade do homem médio. Considerou que a prática de tais atos pelos edis estava dentro do campo da discricionariedade; portanto, ao Judiciário não caberia perquirir do denominado mérito administrativo.

O acórdão, com extrema propriedade, entendeu que ao Judiciário incumbe a fiscalização de tais atos à luz dos princípios que regem a administração pública. O Desembargador-Relator considerou que "os princípios básicos da administração pública não constituem inovação da Constituição da República de 1988. Até desnecessário seria a Carta Magna repetir princípios eternos e imutáveis"[291]. Afirmou que a moral não muda, uma vez

---

[290] Ementa proferida na Apelação nº 186.613-1/0, 4ª Câmara Cível do TJSP, Sertãozinho, Apelante: Ministério Público e Apelados: José Manoel Rodrigues Braz e outros. Relator: Alves Braga. J. 24 de junho de 1993, *in RT* nº 702, p. 71, abril de 1994.

[291] Acórdão, op. cit., p. 72.

que o Princípio da Moralidade é permanente e independe da lei positiva a declará-lo expressamente. Mencionou que os fatos ocorreram em 1987, período pré-eleitoral; portanto, preparatório para as eleições de 1988. O que indica fortes probabilidades de que tenha havido campanha política. Por esse motivo, considerou que *não se trata de ato discricionário, mas de manifesto abuso e desvio de finalidade*. Ao final, a sentença foi modificada, o recurso foi provido, e os réus, condenados a devolver a quantia com os referidos gastos - apurados anteriormente pelo Tribunal de Contas - aos cofres públicos, já que ocorreu lesão ao erário.

O juízo *ad quem*, através da aplicação da lei, conferiu efetividade aos princípios que devem nortear a administração pública. Foi ousado quando disse que sua existência era anterior à positivação em sede constitucional. Realmente, os princípios não são novos; a inovação consiste no fato de os mesmos serem erigidos a sede constitucional. Corajosamente não chancelou atos de benefício próprio com manto de legalidade. Considerou as honrarias prestadas com dinheiro público uma forma de promoção em época de campanha, o que caracterizou nítido desvio de finalidade e abuso de direito. Assim, o Poder Judiciário não se intimidou em exercer o controle sobre tais atos que lhe competia e entendeu que os atos não estavam ao abrigo da discricionariedade administrativa.

6.5. NÃO RECONHECENDO O DEVER DE INDENIZAR

6.5.1. Aplicação de receita municipal no ensino obrigatório

"AÇÃO CIVIL PÚBLICA - Lesão ao patrimônio público - Descumprimento do art. 212 da CF que determina a aplicação obrigatória de percentual de receita municipal na manutenção e desenvolvimento do ensino - Responsabilização de ex-prefeito pretendida - Inadmissibilidade - Obrigação que, não podendo ser cumprida num exercício, transfere-se ao seguinte - Solução amparada em lei editada sob o sistema constitucional anterior, referente a princípio análogo, em face da inexistência de lei complementar reguladora da matéria - Pedido indenizatório, ademais, incabível diante da ausência de comprovação de prejuízo - Ação improcedente". Unânime.[292]

Trata-se de ação civil pública intentada pelo Ministério Público objetivando a apuração de responsabilidade do ex-Prefeito, por lesão causada ao patrimônio público, pelo descumprimento do art. 212 da CF, que dispõe sobre a obrigatoriedade de receita pública municipal na manutenção e desenvolvimento do ensino, em relação ao exercício de 1988.

O juízo *a quo* deu pela procedência da ação, e o juízo *ad quem* reformulou-a sob o fundamento de que, se não efetivada a aplicação em determinado exercício da verba mínima para a educação, a mesma possa ser complementada no exercício seguinte, havendo uma transferência de responsabilidade. E, por derradeiro, que como inexistiu prejuízo patrimonial, não há o dever de indenizar.

Com a devida vênia, do entendimento exposto no acórdão, tem-se que a solução mais acertada foi a encontrada no juízo monocrático. O *caput* do artigo 212 menciona *aplicação anual*, no tocante a investimentos em termos percentuais mínimos, no ensino. Assim, não há como se entender possível a compensação. Até porque, se ficar percentual acumulado durante algum tempo,

---

[292] Ementa proferida na Apelação Cível n° 179.369-1/9, 5ª Câmara Cível do TJSP, Caconde. Apelante: José Eduardo de Oliveira Costa e Apelado: Ministério Público. Relator: Des. Márcio Bonilha. J. 26 de novembro de 1992, *in RT* n° 694, p. 88, agosto de 1993.

inviabilizará o investimento, e eis que existem outras rubricas a serem atendidas no orçamento. Imagine-se que num determinado período tenha remanescido percentual de 15%, acrescidos aos atuais 25%, já se tem a soma de 40%, o que dificulta o implemento dos gastos. E, se tal remanescer por mais de um período, torna o propósito da lei completamente inexeqüível. Assim, a argumentação é falaciosa e não se coaduna com o propósito do legislador de garantir recurso mínimo para a educação. Quanto ao segundo argumento de que inexistiu prejuízo e, portanto, não há o dever de indenização, também não se concorda com essa posição. Ora, se não há prejuízo para a população com a falta de investimento, em área prioritária como é a saúde, em que a falta de investimento traz como conseqüência o não-atendimento de diversos enfermos, em que o resultado pode ser, inclusive, fatal, parece difícil discutir o conceito de lesividade. Quanto à lesão presumida decorrente da ofensa à lei, em outros tópicos já se apresentou o entendimento.

7. Ação Popular e Ação Civil Pública

7.1. POSSIBILIDADE DE PROPOSITURA DE AMBAS

"AÇÃO CIVIL PÚBLICA - Desvio de dinheiro dos cofres públicos - propositura pelo Ministério Público visando à restituição do *quantum* desviado por agentes políticos - Admissibilidade - Legitimidade *ad causam* - Circunstância que não afasta a ação popular com o mesmo objetivo, inclusive o de exigir a moralidade administrativa." Voto vencido.[293]

Cuida-se de ação civil pública proposta contra ex-Prefeito, a fim de obter para os cofres do município as quantias relativas a despesas efetuadas sem a necessária licitação.

O magistrado extinguiu o feito, sem julgamento do mérito, por entender que em sede de ação civil pública não se pode buscar a restituição dos valores devidos. O Ministério Público teria de se limitar a simples declaração do ato de improbidade - artigos 9º, 10 e 11, da Lei nº 8.429/92.

---

[293] Ementa proferida na Apelação Cível nº 32.869-0, 2ª Câmara Cível do TJMG, Viçosa, Apelante: Ministério Público e Apelado: Emílio Xavier Henriques. Relator: Des. Rubens Xavier Ferreira. J. 13 de dezembro de 1994, *in RT* nº 721, p. 222, novembro de 1995.

Em segundo grau, a decisão foi modificada com a declaração de voto vencido, com entendimento semelhante ao defendido na sentença, asseverando que somente através da ação popular poder-se-ia buscar o ressarcimento. O Relator manifestou-se no sentido de que a propositura de ação civil pública não afasta ação popular eventualmente proposta. Ocorreria um contra-senso, caso através da ação civil pública se permitisse somente a declaração de improbidade quando a lei fixa de forma expressa o ressarcimento integral do dano e outras cominações. Seria esvaziar o espírito da lei que foi de combater a improbidade administrativa, através de sanções pecuniárias veementes, suspensão dos direitos políticos, proibição de contratar com o poder público etc. A toda evidência, estaria configurado um retrocesso que acarretaria em um prêmio aos ímprobos. Assim, ao cidadão, por via da ação popular, que data de 1965, permitir-se-ia o ressarcimento do dano, enquanto através de um texto legislativo moderno de 1992, que permite ao representante da sociedade a sua propositura, trazendo cominações específicas de penas, não se poderia requerê-las. A lei de improbidade possui um espectro de abrangência muito maior do que a lei da ação popular, seja com relação ao objeto da demanda ou das sanções cabíveis. Por esse raciocínio, também, o Poder Judiciário estaria abrindo mão do cumprimento de diversos dispositivos legais e subtraindo à sociedade da reprimenda dos agentes desonestos que lesam patrimonialmente uma comunidade. Felizmente, a tese vencedora foi no sentido de prestigiar a lei da improbidade.

7.2. CONFLITO DE COMPETÊNCIA

"AGRAVO REGIMENTAL - CONFLITO DE COMPETÊNCIA SOBRESTAMENTO DOS FEITOS.

Distribuída a ação civil em data anterior à distribuição da ação popular.

Designar o MM. Juiz Federal da 3ª Vara do Paraná para resolver em caráter provisório as medidas urgentes, prejudicado o pedido de convalidação da liminar concedida na ação civil pública.

Agravo regimental parcialmente provido". Unânime.[294]

Cuida-se de conflito de competência interposto pelo Banco Nacional de Desenvolvimento Econômico e Social - BNDES - em virtude de ser o requerido réu em oito ações populares, em diversas varas federais, perante diferentes regiões.

Por ocasião do voto, o relator observa que foi ajuizada ação civil pública em data de 27/10/92 a 3ª Vara do Paraná e foi distribuída no dia 12/11/92 ação popular por dependência para a citada. Distribuídas posteriormente, em 3/11/92, ação popular no Rio de Janeiro, em 13/11/92, em Santos e em outros locais.

O juízo da 3ª Vara do Paraná, em virtude de ter recebido a primeira ação discutindo a suspensão do leilão a ser realizado pelo BNDES, foi considerado competente, em caráter provisório, para resolver as medidas urgentes.

Assim, estabelecida a prevenção do referido juízo. Apesar de o julgamento do conflito apreciar as lides perfunctoriamente, decidindo o local adequado para a apreciação das medidas urgentes - liminares, um interessante problema se coloca. Diz respeito à proposição de ação popular e ação civil pública, tendo ambas semelhante pedido. Ocorre que, via de regra, o pedido em sede de ação civil pública, com base na Lei da Improbidade, tende a ser mais amplo (ressarcimento

---

[294] Ementa proferida no Agravo Regimental em Conflito de Competência nº 3.914-8/RJ, Agravantes: Carlos Frederico Mares Souza Filho e outros e Agravado: Despacho de fls. 68. Relator: Min. Garcia Vieira. J. 24 de novembro de 1992, publicado no DJU em 15/3/93.

integral do dano, perda da função pública, suspensão dos direitos políticos, pagamento de multa, proibição de contratar com o poder público ou receber benefícios fiscais ou creditícios) do que o da ação popular (nulidade e dever de indenizar). Nesse caso, tem-se a continência, em que o pedido de uma ação é mais amplo do que o outro, mas terá de haver a reunião de ambas para uma decisão de mérito conjunta. Isso porque se houver a decisão dos feitos de forma separada, corre-se o risco de haver julgamentos contraditórios. Não se pode dar a uma mesma causa procedência, por exemplo, na ação popular e improcedência na ação civil pública. Admitindo-se a procedência de ambas, as penas a serem aplicadas são as da ação civil pública, posto que mais amplas.

8. Outros casos

8.1. ELEITORAL

"*Eleitoral. Recurso Extraordinário. Diretório municipal de partido político. Legitimidade recursal. Prefeito Municipal. Desaprovação de contas em mandato anterior. Improbidade administrativa por ausência de aplicação do percentual mínimo no ensino. Inocorrência. Inelegibilidade afastada pelo Tribunal Superior Eleitoral. Matéria concernente à legislação infraconstitucional. Recurso extraordinário não conhecido.*

Os pronunciamentos jurisdicionais do Tribunal Superior Eleitoral, que se esgotem na esfera do ordenamento positivo infraconstitucional, qualificam-se como manifestações revestidas de definitividade, insuscetíveis, em conseqüência, de revisão pelo Tribunal Federal na via recursal extraordinária, cuja instauração pressupõe, sempre, a ocorrência de conflito direto, imediato e frontal com o texto da Constituição.

O diretório Municipal de Partido Político dispõe de legitimidade recursal para interpor recurso extraordinário dirigido ao Supremo Tribunal Federal, especialmente quando esse órgão partidário é o autor, perante a Justiça Eleitoral, da argüição de inelegibilidade de candidato filiado a outro partido.

A rejeição legislativa de contas públicas, com fundamento na ausência do percentual compulsório mínimo determinado pelo texto constitucional em favor do ensino fundamental, não conduz, por si só, ao reconhecimento de uma situação de improbidade administrativa (LC nº 64/90, art. 1º, I, g). Essa hipótese de inelegibilidade, estando unicamente prevista em lei complementar, não se reveste de estatura constitucional para efeito de acesso à via recursal extraordinária". Unânime.[295]

Cuida-se de contas referentes aos exercícios de 1986 e 1988 que não foram aprovadas por inobservância do percentual mínimo garantido ao ensino. O recurso extraordinário foi interposto de decisão proferida pelo Tribunal Superior Eleitoral, uma vez que a parte pleiteava, junto ao juízo de 1ª instância, a argüição de inelegibilidade do candidato.

O vício foi tido como formal, incapaz de ensejar a figura da improbidade administrativa.

O objetivo da presente ação era a declaração de inelegibilidade, já que a discussão travou-se junto à Justiça Eleitoral. A ação trazida no item II.2.2 do presente trabalho também discutia a aplicação do artigo 212 da CF, mas tinha por escopo o dever de indenizar.

---

[295] Recurso Extraordinário nº 160.432/SP, 1ª Turma do STF, Recorrente: Partido Progressista Reformador - PPR e Recorrido: José de Nadai. Relator: Celso de Mello. J. 26 de outubro de 1993, *in R.T.J.* nº 154(1), p. 247, outubro de 1995, grifos do autor.

Conclusão

A preocupação com o patrimônio público é questão antiga que recebe determinado controle dos gastos públicos em função de um dado momento histórico e social de cada país. Por vezes, o desenvolvimento da proteção surge de forma mais intensa, através da doutrina, legislação ou jurisprudência.

Os filósofos gregos já se ocupavam com a forma de controle dos atos emanados do poder público. Os romanos, com o seu espírito prático, tinham a *actio popularis*, com tutela a diversos bens da comunidade. Mais modernamente, o direito norte-americano estendeu a proteção a diversos interesses, a partir da noção de consumidor. Os franceses, a partir das decisões do Conselho de Estado, criaram o recurso por excesso de poder, através do qual é possível a nulidade dos atos administrativos. A doutrina alemã, devido primeiramente à obra de Jellinek, desenvolveu a noção de direito público subjetivo. O Brasil recebeu a influência de todas essas importantes experiências internacionais.

Com relação à proteção ao patrimônio público, tem-se que o mesmo se configura em um interesse de natureza difusa. Não há direito expresso à probidade administrativa, configurando-se um interesse. É difuso, visto que não pertence individualmente a ninguém, mas indefinidamente a toda a sociedade.

A necessidade de que o cidadão, a título individual, como membro de uma associação de classe ou por meio de seu representante legal - o Ministério Público - controle os atos administrativos que causem lesão ao patrimônio público demonstra ser uma prática necessária do regime democrático, como forma de fiscalizar a correta aplicação da lei, por parte do administrador, com relação aos dinheiros públicos, que ocorre perante o Poder Judiciário. Assim, vestuta a concepção oitocentista de Separação dos Poderes, tal qual foi concebida por Montesquieu. O postulado é reavaliado de forma global, e surgem as idéias de independência e controle recíproco entre os poderes do Estado. O Poder Judiciário é revalorizado e obtém a sua consagração, principalmente no julgamento de questões que envolvem matéria constitucional. Apesar do crescimento de ações no direito brasileiro (ação popular, ação civil pública e ação de improbida de) para a defesa do patrimônio público, a jurisprudência não possui um consenso a respeito de diversos assuntos importantes. Destaca-se, porém, a ausência de uniformização do conceito de lesividade. É necessário que haja aplicação dos dispositivos constitucionais postos como princípios que regem a administração pública. Assim, se a legalidade e a moralidade foram colocadas em posição de destaque, já que em sede constitucional, devem nortear a interpretação do direito. Desta forma, se a lei não foi aplicada, o princípio da legalidade foi ofendido. Destarte, a lesividade é conseqüência da ofensa à lei, sendo despiciendo o prejuízo econômico. Igualmente, a imoralidade, quando ocorrer, macula o ato administrativo. É necessário que se atente aos novos preceitos, sob pena de se tornarem letra morta.

O legislador corretamente estatuiu diversas sanções que podem ser aplicadas, quando houver ato de improbidade, fazendo com que se escolha a punição adequada, que tem uma hierarquia, da mais branda a mais severa, que se utilizam individual ou cumulativamente (dentro da mesma hipótese legal), como forma de propiciar uma gradação, em conformidade com o ato praticado; chegando-se, assim, a uma decisão equânime. Das ações pesquisadas, considerando as publicadas nas revistas especializadas, a maioria das demandas interpostas e das condenações dizem repeito a municípios. Isto por, no mínimo, dois motivos. Em primeiro lugar, pelo fato de o poder municipal ser contíguo à comunidade. As engrenagens de poder tornam-se mais distantes no âmbito estadual e, principalmente, da União. Assim, na maioria dos municípios, o prefeito, os vereadores, as autoridades locais são conhecidas e perfeitamente identificáveis. A fiscalização se exerce com bem mais facilidade devido à proximidade da população com o poder político. Em segundo, o prefeito, principalmente nas pequenas cidades, conta com uma estrutura mais deficiente. A nível estadual, existe uma Procuradoria do Estado, uma equipe de Contadoria, o corpo de Deputados Estaduais, que também dispõem de uma Procuradoria; enfim, é todo um arcabouço jurídico, que fiscaliza a atuação do Poder Executivo Estadual. Tal estrutura é repetida em nível federal.

Por estes motivos é que na esfera estadual as ações interpostas e as condenações obtidas são em número menor do que na municipal, sendo que no âmbito federal são ainda mais rarefeitas.

Quanto à legitimidade do Ministério Público para propostitura de ação civil pública e com relação a ser a referida ação meio idôneo para a defesa do patrimônio público, encontram-se alguns acórdãos que, infelizmente, não atentam para os dispositivos constitucionais expressos. São esses entendimentos jurisprudenciais, todavia, minoritários.

Com relação ao caso em que é proposta uma ação popular e após intentada uma ação civil pública com base na lei de improbidade, a mesma pode ser necessária, já que a primeira tem por escopo a nulidade do ato administrativo e o dever de indenizar, enquanto na segunda pode ser aplicado um espectro muito amplo de sanções.

Com a propositura das referidas ações para a defesa do patrimônio público, não se visa a coibir a atividade do administrador, mas apenas a exercer a fiscalização judicial dos atos administrativos. O poder discricionário resta cada vez mais submetido e restrito pelo Princípio da Legalidade. Não se visa a usurpar a competência do administrador, em seu poder discricionário, mas a assegurar os exatos limites do agir administrativo dentro dos princípios constitucionais. Controle este a ser exercido pelo Poder Judiciário.

Neste sentido, parece superada a discussão a respeito de se o poder político pode ser suscetível de limitação pelo jurídico. Dentre as técnicas de contenção apontadas por Marcello Caetano[296], que podem ser adaptadas para o presente trabalho, tem-se: a Constituição, o Princípio da Separação dos Poderes e a Democracia.

A Constituição é o dispositivo por excelência para o controle e a distribuição de poderes e funções do Estado. Além de estatuir os direitos fundamentais e indicar os fins e compromissos estatais.

O Princípio da Separação apresenta-se com duas dimensões complementares, no entendimento de Canotilho[297], servindo como limite aos poderes do Estado e, conseqüentemente, para proteger e garantir os direitos dos cidadãos. Assim, admite-se que o legislador e o administrador podem violar direitos. Concede-se porém, aos indivíduos a possibilidade de defesa de seus direitos perante o Poder Judiciário.

---

[296] Marcello Caetano, *Manual de Ciência Política e Direito Constitucional*, tomo I, 6ª ed., Lisboa, Coimbra Ed., 1972, p.280.

[297] J.J. Gomes Canotilho, *Direito Constitucional*, 5ª ed., 2ª reimp. Almedina, Coimbra, 1992, p. 369.

A democracia, atualmente, possui as características de representatividade e participação. A realização dos meios democráticos constitui-se em exercício da cidadania, pedra basilar da construção do regime democrático. Nesse contexto, tem-se que a fiscalização dos dinheiros públicos é essencial para o desenvolvimento de qualquer nação, sobretudo no Brasil, onde ainda há sérias dificuldades estruturais em setores prioritários, tais como: educação, saúde e segurança pública. Assim, somente com a correta gestão da coisa pública se poderá chegar a atender esses setores essenciais para o crescimento do país. Necessária também a consciência do cidadão, no sentido de que pode tomar providências ou recorrer às autoridades públicas disso incumbidas para que se possa coibir a má gestão da coisa pública. O zelo pelo erário público deve existir em administrados e administradores.

Democracia significa, também, respeito às instituições e aos poderes constituídos. Lamentável, assim, o episódio a que se assistiu recentemente denominado "O escândalo dos Precatórios", onde foram emitidos títulos públicos fora das hipóteses legais autorizadoras (pagamento de dívidas com sentença judicial transitada em julgado até outubro de 1988), ilustrando a total ausência de probidade com o patrimônio público, conforme noticiado pela imprensa[298]. Assim, o descaso com a coisa pública pode se dar nesse tipo de atitude ou em outras, tais como a não-realização de licitação ou concurso público.

A elaboração da Nova Constituição demonstra a intenção de uma forma de contenção dos atos administrativos ímprobos. É necessário, porém, que sejam propostas ações nesse sentido, e que o Poder Judiciário realize a concreção desses princípios. Apenas assim será

---

[298] Genoíno, José. *O Escândalo dos Precatórios*. Jornal da Tarde, São Paulo, 1° mar. 1997, p. 2, e, também, Oliveira, Rosane de. *CPI expõe fragilidade dos controles*. Zero Hora, 2 mar. 1997, p. 6.

possível vislumbrar uma mudança no comportamento daqueles que se ocupam dos gastos públicos.

Recorrendo-se ao Judiciário para dar a correta aplicação da lei, restabelecendo a ordem jurídica violada, estar-se-á efetivando um dos Princípios constitucionais maiores, qual seja: o Estado Democrático de Direito.

Bibliografia*

ACKEL Fº, Diomar. *Discricionariedade Administrativa e Ação Civil Pública. In RT 657/51.* São Paulo: RT, 1990.

AGESTA, Luis Sanchez. *Princípios de Teoria Política.* 6ª ed., Madrid: Editora Nacional, 1979.

——. *Curso de Derecho Constitucional Comparado*, 7ª ed., Madrid: Universidad de Madrid, 1988.

ALESSI, Renato. *Diritto Amministrativo.* Milano: Giuffrè Editore,1949.

ALEXY, Roberto. *Teoria de los Derechos Fundamentales.* Madrid: Centro de Estudios Constitucionales, 1997.

ALTHUSSER, Louis. *Montesquieu - A Política e a História.* 2ª ed., Lisboa: Editorial Presença.

ALVES, José Carlos Moreira. *Direito Romano.* Vol. I, Rio de Janeiro: Forense, 1995.

ANDRADE, Vera Regina Pereira de. *Cidadania: do Direito aos Direitos Humanos.* São Paulo: Editora Acadêmica, 1993.

APARICIO, Miguel Ángel (coord.) *Textos Constitucionales*, Barcelona: Ediciones Universitarias Barcelona, 1995.

ARISTÓTELES. *A Política.* Coleção Universidade de Bolso. Ediouro.

ARRUDA Jr. Edmundo Lima de *[et al.]. Gramsci: Estado, Direito e Sociedade.* Florianópolis: Letras Contemporâneas, CPGD/UFSC, 1995.

AZARA, Antonio *[et al.]. Novissimo Digesto Italiano.* vol. V, Editrice Torinesse: terza edizione, 1957.

---

* Abreviaturas utilizadas:
RDA - Revista de Direito Administrativo
RF - Revista Forense
RIL - Revista de Informação Legislativa
RDP - Revista de Direito Público
RP - Revista de Processo
RMP- Revista do Ministério Público

BACHOF, Otto. *Normas Constitucionais Inconstitucionais?* Coimbra: Almedina, 1994.

BARBI, Celso Agrícola. *Do Mandado de Segurança.* 3ª ed., 3ª tiragem, Rio de Janeiro: Forense, 1980.

BASTOS, Celso Ribeiro. *Curso de Direito Constitucional.* 16ª ed., São Paulo: Saraiva, 1995.

———. *Dicionário de Direito Constitucional.* São Paulo: Saraiva, 1994.

BAUMGARTEN, Erico Ithamar. *Direitos Subjetivos Públicos.* Porto Alegre: Livraria do Globo, 1937.

BENJAMIN, Antônio Herman V. "O direito do consumidor". *In RT* 670/49. São Paulo, 1991.

BERTHÈLEMY. *Droit Administratif.* Première édition, 1900.

BEVILAQUA, Clóvis. "A Constituição e o Código Civil". *In RT* 97/31. São Paulo, 1935.

BIELSA, Rafael. *Derecho Constitucional.* 2ª ed., Buenos Aires: Depalma, 1954.

———. *Estudios de Derecho Público I, Derecho Administrativo.* Buenos Aires: Depalma, 1950.

———. "A ação popular e o poder discricionário da administração". *In RF* 157/34. Rio de Janeiro, 1955.

BOBBIO, Norberto. *Estado, Governo e Sociedade.* 4ª ed., Paz e Terra, 1992.

———. *Teoria do Ordenamento Jurídico.* 2ª reimpressão, Editora Polis, Editora da Universidade de Brasília, 1991.

———. *A Era dos Direitos.* Rio de Janeiro: Editora Campus, 1992.

———. *A Teoria das Formas de Governo.* 6ª ed., Brasília: Editora Universidade de Brasília, 1992.

———. *As Ideologias e o Poder em Crise.* Brasília: Editora Universidade de Brasília, 3ª ed., 1994.

———. *Estudos sobre Hegel.* 2ª ed., São Paulo, Editora Brasiliense, 1991.

———. *O Conceito de Sociedade Civil.* Rio de Janeiro, Edições Graal, 1982.

———. *Dicionário de Política.* 7ª ed., volumes I e II. Brasília: Editora Universidade de Brasília,1995

BONAVIDES, Paulo. *A Constituição Aberta.* Belo Horizonte: Livraria Del Rey Editora, 1993.

———. *Teoria do Estado.* 3ª ed., São Paulo: Malheiros Editores, 1995.

BONNARD, Roger. *Précis de Droit Administratif.* Paris: Librairie du Recueil sirey, 1935.

BORGES, Alice Gonzales. "Interesse público: um conceito a determinar". *In RDA* 205/109, Rio de Janeiro, 1996.

BRANDÃO, Antônio José. "Moralidade administrativa". *In RDA* 25/454. Rio de Janeiro, 1951.

CAETANO, Marcello. *Manual de Direito Administrativo*. 10ª ed., Tomo I, Coimbra: Almedina, 1991.

———. *Manual de Ciência Política e Direito Constitucional*. 6ª ed., Tomo I, Lisboa: Coimbra Editora, reimpressão de 1972.

———. "As garantias jurisdicionais dos administrados no direito. comparado de Portugal e do Brasil". *In RDA*, Ed. Histórica, Rio de Janeiro: Renovar, 1995.

CAMPANHOLE, Adriano [*et al*], *Constituições do Brasil*. 4ª ed., São Paulo: Atlas, 1979.

CANOTILHO, J. J. Gomes. *Direito Constitucional*. 5ª ed., 2ª reimpressão, Coimbra: Livraria Almedina, 1992.

CANOTILHO e VITAL MOREIRA. *Fundamentos da Constituição*, Coimbra: Coimbra Editora, 1991.

CAPPELLETTI, Mauro. *O Controle Judicial de Constitucionalidade das Leis no Direito Comparado*. Porto Alegre: Fabris, 1984.

———. *Acesso à Justiça*. Tradução de *Access to Justice: The Worldwide Movement to Make Rights Effective*. Porto Alegre: Fabris, 1988.

———. *Formações Sociais e Interesses Coletivos diante da Justiça Civil*. RP 5/128. São Paulo: RT, 1977.

CARRILLO, Marc. *La tutela de los derechos fundamentales por los tribunales ordinarios*. Madrid: Centro de Estudios Constitucionales, 1995.

CARRION, Eduardo Kroeff Machado. *Apontamentos de Direito Constitucional*. Porto Alegre: Livraria do Advogado, 1997.

CAVALCANTI, Themistocles Brandão. *Do Mandado de Segurança*. 5ª ed., Rio de Janeiro: Livraria Freitas Bastos, 1966.

———. "Do Poder Discricionário". *In RDA*, Ed. Histórica. Rio de Janeiro: Renovar. 1995

CERQUEIRA, Marcello. *A constituição na história: origem e reforma*. Rio de Janeiro: Revan, 1993.

———. *Cartas Constitucionais: Império, República e autoritarismo:* (ensaio, crítica e documentação). Rio de Janeiro: Renovar, 1997.

CHÂTELET, François. *História das Idéias Políticas*. 2ª ed., Rio de Janeiro: Jorge Zahar Editor, 1990.

CHEVALLIER, Jean-Jacques. *História do Pensamento Político*. Tomo 1, Rio de Janeiro: Editora Guanabara Koogan, 1982.

———. *História do Pensamento Político*. Tomo 2, Rio de Janeiro: Zahar Editores, 1983.

CLÈVE, Clèmerson Merlin. *A fiscalização abstrata de constitucionalidade no direito brasileiro*. São Paulo: Editora Revista dos Tribunais.

COÊLHO, Sacha Calmon Navarro. *O Controle da Constitucionalidade das Leis e do poder de tributar na Constituição de 1988*. Belo Horizonte: Livraria Del Rey Editora, 1993.

CONSTANT, Benjamin. *Princípios Políticos Constitucionais*, Rio de Janeiro: Editora Liber Juris LTDA, 1989.

CORREIA, José Manuel Sérvulo. *Legalidade e Autonomia Contratual nos Contratos Administrativos*. Coimbra: Livraria Almedina, 1987.

COUTO E SILVA, Almiro do. *Princípios da Legalidade da Administração Pública e da Segurança Jurídica no Estado de Direito Contemporâneo*. RDP 84/ 46. São Paulo: RT, 1987.

———. *Poder Discricionário no Direito Administrativo Brasileiro*. RDA 179/51. Rio de Janeiro: Renovar, 1990.

———. *A Responsabilidade Extracontratual do Estado no Direito Brasileiro*. RDA 202/19. Rio de Janeiro: Renovar, 1995.

———. *Prescrição qüinqüenária da pretensão anulatória da administração pública com relação a seus administrados*. RDA 204/21. Rio de Janeiro: Renovar, 1996.

CRETELLA JÚNIOR, José. *Do mandado de segurança, Bushatsky*. São Paulo: Ed. Universidade de São Paulo, 1974.

———. *Curso de Direito Administrativo*. 5ª ed., Rio de Janeiro: Forense, 1977.

———. *Comentários à Constituição Brasileira de 1988*. vol. I. Rio de Janeiro: Forense Universitária, 1988,.

———. *Ato administrativo - A tridimensão da discricionariedade*. RDA 119/33, Rio de Janeiro: Renovar, 1975.

———. *Controle Jurisdicional do Ato Administrativo*. Rio de Janeiro: Forense, 1993.

DAVID, René. *Os grandes sistemas do direito contemporâneo*. São Paulo: Martins Fontes, 1986. Tradução de *Les grands systèmes du droit contemporains*.

DINIZ, Maria Helena. *Curso de Direito Civil Brasileiro*. Vol. 7, 2ª ed., Responsabilidade Civil, São Paulo, Saraiva, 1986.

———. *Norma Constitucional e seus efeitos*. 2ª ed., São Paulo: Saraiva, 1992.

DI PIETRO, Maria Sylvia Zanella. *Direito Administrativo*. 3ª ed., São Paulo: Atlas, 1992.

———. *Discricionariedade Administrativa na Constituição de 1988*. São Paulo: Atlas, 1991.

DI RUFFIA, Paolo Biscaretti. *Derecho Constitucional*. Editorial Tecnos S/A, Madrid, 1979.

DRAKE, Antonio Esteban. *El Derecho Público Subjetivo - como instrumentación tecnica de las libertades públicas - Y el problema de la legitimation procesal*. 1ª ed., Madrid: Editorial Civitas, 1981.

DROMI, José Roberto. *Derecho Subjetivo y Responsabilidad Pública*. Madrid, Editorial Grouz, 1986.

DUGUIT, Léon. *Leçons de Droit Public Général*. Paris: E. de Boccard, Editeur, 1926.

——. *La Transformación del Estado*. 2ª ed, Madrid: Librería Española.

EISENMANN, Charles. *O Direito Administrativo e o Princípio da Legalidade*. RDA 56/47. Rio de Janeiro: Renovar, 1959.

ENGISH, Karl. *Introdução ao Pensamento Jurídico*. 6ª ed., Lisboa: Fundação Calouste Gulbenkian, 1988.

FAGUNDES, Miguel Seabra. "Da ação popular". *In RDA* 6/1. Rio de Janeiro. 1946.

——. *O controle dos atos administrativos pelo Poder Judiciário*. 2ª ed., Rio de Janeiro: José Konfino Editor, 1950.

——. *O controle dos atos administrativos pelo Poder Judiciário*, 5ª ed., Rio de Janeiro: Forense, 1979.

——. "Conceito de mérito no direito administrativo". *In RDA*, vol. 23, p. 1, 1951.

FALLA, Fernando Garrido. *La proteción jurisdicional del particular contra el poder ejecutivo en el derecho español*. Revista de Direito Público. vol. 15. São Paulo: Editora Revista dos Tribunais, 1971.

FELIPE, Miguel Beltrán de. *Discrecionalidad administrativa y constitución*. Madrid: Tecnos, 1995.

FERNADEZ, Tomas Ramon. *De la arbitrariedad de la administración*. Madrid: Civitas, 1994.

——. *Tratado de Derecho Administrativo*. Vol. I. 12ª edición, Madrid,: Editorial Tecnos, 1994.

——. *Tratado de Derecho*. Vol. II. 10ª edición, Madrid, Editorial Tecnos, 1992.

FERREIRA Fº, Manoel Gonçalves. *Curso de Direito Constitucional*. São Paulo, Saraiva, 18ª ed., São Paulo: Saraiva, 1990.

——. *Direitos Humanos Fundamentais*. São Paulo: Saraiva, 1996.

FRANCO SOBRINHO, Manoel de Oliveira. *O Princípio Constitucional da Moralidade*. Curitiba: Genesis, 1993.

——. *Estudos de Direito Público*. 2ª ed., Brasília, Secretaria de Documentação e Informática do Ministério da Justiça, 1977.

——. *O controle da moralidade administrativa*. São Paulo: Saraiva, 1974.

FERRAZ, Anna Cândida da Cunha. *Conflito entre Poderes*. São Paulo: Editora RT, 1994.

FERREIRA, Pinto. *Curso de Direito Constitucional*. 6ª ed., São Paulo: Saraiva, 1993.

FERREIRA SOBRINHO, José Wilson. "Ação Popular na Constituinte". *In Revista de Direito Público*, vol 86, 1988, p. 126.

FORSTHOFF, Ernst. *Tratado de Derecho Administrativo*. Madrid: Instituto de Estudios Políticos, 1958.

FREITAS, Juarez. *Do Princípio da Probidade Administrativa e de sua máxima efetivação*. RDA 204/65. Rio de Janeiro: Renovar, 1996.

——. *O controle dos atos administrativos e os princípios fundamentais*. São Paulo: Malheiros, 1997.

GARCÍA DE ENTERRÍA, Eduardo. *Curso de Direito Administrativo*. São Paulo: Editora Revista dos Tribunais, 1990.

——. *La constitución como norma y el Tribunal Constitucional*. 3ª edición, 3ª reimpresione. Madrid: Editorial Civitas, 1994.

——. *La lucha contra las inmunidades del Poder en el derecho administrativo*. tercera edición - 2ª reimpresión. Madrid: Editorial Civitas, 1995.

——. *Democracia, jueces y control de la Administración*. 2ª ed., Madrid: Editorial Civitas, 1996.

GOMES, Luiz Flávio. *A questão do controle externo do Poder Judiciário: natureza e limites da independência judicial no Estado Democrático de Direito*. 2ª ed., São Paulo: Ed. RT, 1993.

GRINOVER, Ada Pellegrini [et al.]. *Código Brasileiro de Defesa do Consumidor*. Rio de Janeiro: Forense Universitária, 1991.

——. "A tutela dos interesses difusos". *In Revista Forense*, vol. 268, p. 67, 1979.

GUIMARÃES, Ylves José de Miranda. *Comentários à Constituição: direitos e garantias individuais e coletivas*. Rio de Janeiro: Forense, 1989.

HAURIOU, Maurice. *Précis de Droit Administratif*. Cinquième édition. Paris: Librairie de la Societé du Recueil, 1903.

——. *Précis de droit administratif et de droit public*, onzième édition. Paris: Recueil Sirey, 1927.

HEGEL, Georg Wilhelm Friedrich. *Princípios da Filosofia do Direito*. Lisboa: Guimarães Editores, 1959.

HESSE, Konrad. *A Força Normativa da Constituição*. Porto Alegre: Fabris, 1991.

——. *Derecho Constitucional y Derecho Privado*. Madrid: Editorial Civitas, 1995.

HOBBES, Thomas. *Leviatã ou Matéria, forma e poder de um estado eclesiástico e civil*. 3ª ed., São Paulo: Abril Cultural, 1983.

JELLINEK, Georg. *Teoria General del Estado*. Editorial Albatros, 1970.

——. *Fragmentos de Estado*. Madrid: Editorial Civitas, 1981.

——. *Reforma y mutación de la Constitución*. Madrid: Centro de Estudios Constitucionales, 1991.

JERING, Rudolf Von. *O Espírito do Direito Romano*. Rio de Janeiro: Alba Editora, 1943, vol. I.

KELSEN, Hans. *Teoria Geral das Normas*. Porto Alegre: Fabris, 1986.

――. *Teoria Geral do Direito e do Estado.* São Paulo: Livraria Martins Fontes, 1990.

――. *Teoria Pura do Direito.* São Paulo: Livraria Martins Fontes, 1985.

KRIELE, Martin. *Introdución a la Teoría del Estado.* Buenos Aires: Depalma, 1980.

LACERDA, Galeno. "Ação Civil Pública". *In RMPRS* 19/11, Porto Alegre, 1986.

LACHAUME. Jean François. *L'Administration communale.* Paris: L.G.D.J., 1994.

LASSALE, Ferdinand. *A Essência da Constituição.* Rio de Janeiro: Editora Liber Juris, 1995.

LAUBADÈRE, André de [*et al.*]. *Manuel de Droit Administratif.* 15e édition. Paris: L.G.D.J., 1995.

LIMA, Ruy Cirne. *Princípios de Direito Administrativo.* 4ª ed., Porto Alegre: Livraria Sulina Editora, 1964.

LOEWENSTEIN, Karl. *Teoría de la Constitución.* 2ª ed., Barcelona: Editorial Ariel, 1976.

LOCKE, John. *Segundo Tratado sobre o Governo.* 3ª ed., São Paulo: Abril Cultural, 1983.

LONG, M. *Les Grands Arrêts de La Jurisprudence Administrative.* 2e édition. Paris: Sirey, 1958.

MANCUSO, Rodolfo de Camargo. *Interesses Difusos: Conceito e Colocação Geral dos "Interesses".* RP 55/165. São Paulo: RT, 1987.

――. *Ação Popular.* 2ª ed., São Paulo: Ed. RT, 1996.

MANDEL, Ernest. *Introdução ao marxismo.* 4ª ed., Porto Alegre: Editora Movimento, 1982.

MARTINS, Ives Gandra da Silva e Gilmar Ferreira Mendes (coordenadores). *Ação declaratória de constitucionalidade.* São Paulo: Saraiva, 1994.

MARX, Karl. *O Capital.* Edição Resumida. Rio de Janeiro: LTC Editora, 1982.

MAYER, Otto. *Derecho Administrativo Alemán.* Tomo I, Parte General, Buenos Aires: Depalma, 1949.

MAZZILLI, Hugo Nigro. *A defesa dos interesses difusos em juízo: meio ambiente, consumidor e outros interesses coletivos e difusos.* 7ª ed., São Paulo: Saraiva, 1995.

――. "Interesses Coletivos e Difusos". *In RT* 668/47. São Paulo: RT, 1991.

MEDAUAR, Odete. *Direito Administrativo Moderno.* São Paulo: Ed. Revista dos Tribunais, 1996.

――. *O Direito Administrativo em evolução,* São Paulo: Ed. Revista dos Tribunais, 1992.

MEIRELLES, Hely Lopes. *Mandado de Segurança, Ação Popular e Ação Civil Pública.* 11ª ed. São Paulo: Ed. Revista dos Tribunais, 1987.

———. *Direito Administrativo Brasileiro.* 14ª ed. São Paulo: Ed. RT, 1989.

———. *Os poderes do administrador público.* Rio de Janeiro: Renovar, RDA Ed. Histórica, 1995.

MELLO, Celso Antônio Bandeira de. *Curso de Direito Administrativo.* 4ª ed., São Paulo: Malheiros Editores LTDA, 1993.

———. "O controle judicial dos atos administrativos". *In RDP* 65 / 27. São Paulo: RT, 1983.

———. *Discricionariedade e Controle Jurisdicional.* 1ª ed., São Paulo: Malheiros Editores, 1993.

———. *Elementos de Direito Administrativo.* 1ª ed., 5ª tiragem. São Paulo: Ed. RT, 1986.

———. "Desvio de Poder". *In RDP* 89/24. São Paulo: RT, 1989.

MENDES, Gilmar Ferreira. *Controle da Constitucionalidade das leis.* São Paulo, 1990.

———. *Jurisdição Constitucional.* São Paulo: Saraiva, 1996.

MERKL, Adolfo. *Teoría General del Derecho Administrativo.* México.

MILARÉ, Édis (coord.). *Ação Civil Pública: Lei nº 7.345/85: reminiscências e reflexões dez anos de aplicação.* São Paulo: Editora Revista dos Tribunais, 1995.

MIRANDA, Jorge. *Manual de Direito Constitucional.* Tomo II, 2ª ed., Coimbra: Coimbra Editora, 1988.

MONREAL, Novoa. *Derecho, Política y Democracia.* Bogotá: Editorial Temis Libreira, 1983.

MONTESQUIEU, Charles Louis de Secondat. *Do espírito das leis.* 2ª ed. São Paulo: Abril Cultural, 1979.

MORAES, Voltaire de Lima. "Da tutela do consumidor". *In RT* 655/24. São Paulo: RT, 1990.

MORE, Thomas. *Utopia.* São Paulo: Martins Fontes, 1993.

MOREIRA Neto, Diogo de Figueiredo. *Direito da Participação Política: legislativa, administrativa, judicial (fundamentos e técnicas constitucionais da legitimidade).* Rio de Janeiro: Renovar, 1992.

———. *Curso de Direito Administrativo,* 11ª ed., Rio de Janeiro: Ed. Forense, 1996.

———. *Moralidade Administrativa: Do conceito à efetivação,* RDA 190: 1 - 44, Rio de Janeiro, out./dez. 1992.

MOREIRA, José Carlos Barbosa. *Temas de direito processual: terceira série.* São Paulo: Saraiva, 1984.

——— MORÉON, Miguel Sánchez. *Discricionalidad administrativa y control judicial.* 1ª ed. - 1ª reimp. Madrid: Tecnos, 1995.

MUKAI, Toshio. [et al.]. *Comentários ao Código de Defesa do Consumidor.* São Paulo: Saraiva, 1991.

OLIVEIRA, Carlos Alberto Álvaro de. *Jurisdição e Administração*. RIL 119/217. Brasília: Senado Federal, 1993.

——. OTTO, Ignacio de. *Derecho Constitucional : Sistema de Fuentes*. 5ª reimpresión. Barcelona: Ariel, 1997.

PACTET, Pierre. *Institutions politiques Droit constitutionnel*. 15e édition. Paris: Armand Colin Éditeurs, 1996.

PAZZAGLINI Fº, Marino. *[et al]*. *Improbidade Administrativa: aspectos jurídicos do patrimônio público*. São Paulo: Atlas, 1996.

PLATÃO. *A República*. Biblioteca Clássica, 8ª ed. São Paulo: Atena Editora, 1962.

PELÁEZ, Francisco José Contreras. *Defensa del Estado Social*. Sevilla: Universidad de Sevilla, 1996.

PÉREZ, Jesús Gonzáles. *El Principio General de la buena fe en el derecho administrativo*. 2ª ed. Madrid: Editorial Civitas, 1989.

——. *La ética en la Administración pública*. Madrid: Editorial Civitas, 1996.

PONTES DE MIRANDA, Francisco Cavalcante. *Comentários à Constituição de 1967*. Tomo IV. São Paulo: Editora Revista dos Tribunais, 1968.

——. *Comentários à Constituição da República dos Estados Unidos do Brasil*. Tomo I. Rio de Janeiro: Editora Guanabara, 1936.

PÉREZ, Miguel A. Aparicio *[et al.]*. *Textos Constitucionales*. Barcelona, Ediciones Universitarias Barcelona, 1995.

PELAYO, Manuel Garcia. *Escritos políticos y sociales*. Madrid: Centro de Estudios Constitucionales, 1989.

RAISER, Ludwig. "O futuro do direito privado". In *Revista da Procuradoria-Geral do Estado*, nº 9, pp.11/30, 1979.

REALE, Miguel. *Lições Preliminares de Direito*. 5ª ed. São Paulo: Saraiva, 1978.

——. *A sociedade civil e a idéia de Estado*. RDA 204/9. Rio de Janeiro: Renovar, 1996.

RIALS, Stéphane. *Textes Constitutionnels français*. 11e édition. Paris: Presses Universitaires de France, 1995.

RIPERT, Georges. *A regra moral nas obrigações civis*. São Paulo: Saraiva & Cia, Livraria Acadêmica, 1937.

ROCHA, Leonel Severo da. *A democracia em Rui Barbosa*. Rio de Janeiro: Editora Liber Juris, 1995.

ROMANO, Santi. *Princípios de direito constitucional geral*. Trad. de Maria Helena Diniz. São Paulo: Ed. RT, 1977.

ROUSSEAU, Jean-Jacques. *A origem e fundamentos da desigualdade entre os homens*. Publicações Europa-América, 1976.

——. *O Contrato Social*. Coleção Universidade de Bolso, Ediouro.

RUSCHEL, Ruy Ruben. *Direito Constitucional em tempos de crise*. Porto Alegre: Sagra Luzzatto, 1997.

SÁCHICA. Luis Carlos. *El control de constitucionalidad y sus mecanismos*. 3ª ed. Bogotá: Editorial Temis, 1988.

SCHMITT, Carl. *Teoría de la Constitución*, 2ª reimpresión. Madrid: Alianza , 1996.

SCHÖNFELDER, Heinrich (Begrindet von), Organizador. Deutsche Gesetze, 87 auflage, Stand: 1, Dezember 95, Beck München.

SCHWARTZ, Bernard. *Direito Constitucional Americano*. 1ª ed. brasileira. Rio de Janeiro: Forense, jul. 1966.

——. *Administrative Law*. Boston, Little, Brown and Company, Law Book Division,1976.

——. *Le Droit Administratif Américan*. Paris, Librarie du Recueil Sirey, 1952.

SIDOU, J. M. Othon. *As Garantias ativas dos direitos coletivos*. Rio de Janeiro: Forense, 1977.

SIEYÈS, Emmanuel. *Qué es el tercer Estado? Ensayo sobre los privilegios*. Madrid: Alianza Editorial, 1989.

SILVA, José Afonso. *Curso de Direito Constitucional Positivo*. 9ª ed. 4ª tiragem. São Paulo: Malheiros Editores LTDA, 1994.

——. *Ação Popular Constitucional*. São Paulo: Ed. RT, 1968.

——. SOUSA, António Francisco de. *Conceitos indeterminados no direito administrativo*. Coimbra: Almedina, 1994.

SOUZA Jr, Cezar Saldanha. *A crise da democracia no Brasil: aspectos políticos*. Rio de Janeiro: Forense, 1978.

STASSINOPOULOS, Michel D. *Traité des Actes Administratifs*. Athènes, Collection de L'Institut Français D'Athènes 82, 1954.

TELLES, Antônio A. Queiroz (Coord.) [et. al.]. *Direito Administrativo na década de 90: estudos em homenagem ao prof. J. Cretella Jr*. São Paulo: Ed. RT, 1997.

TRUEBA URBINA, Alberto. *La primera constitución político-social del mundo*. México: Editorial Porrua, 1971.

TSIKLITIRAS, Stravos. *La protection effective des libertés publiques par le juge judiciaire en droit français*. Paris: L.G.D.J., 1991.

TUCCI, Rogério Lauria [et al.]. *Constituição de 1988 e processo: regramentos e garantias constitucionais do processo*. São Paulo: Saraiva, 1989.

VALDÉS, Roberto L. Blanco. *El valor de la Constitución*. Madrid: Alianza Editorial, 1994.

VEDEL, Georges. *Droit Administratif*. Paris, Presses Universitares de France, 1958.

VELLOSO, Carlos Mário da Silva. "As novas garantias constitucionais". *In RT* 644/.7. São Paulo, 1989.

VERDÚ, Pablo Lucas. *Introdución al Derecho Político*. Barcelona: Bosch Ed., 1958.

——. *La lucha por el Estado de Derecho*. Bologna: Colegio de España, 1975.

WALINE, Marcel. *Manuel Élémentaire de Droit Administratif*. Paris: Librairie du Recueil Sirey, 1936.

——. *Traité Élémentaire de Droit Administratif*. 6e édition. Paris: Librairie du Recueil Sirey, 1952.

WEIL, Prosper [*et al.*]. *Le droit administratif*. 16e édition. Paris: Presses Universitaires de France, 1994.

XYNOPOULOS. Georges. *Le contrôle de Proportionnalité dans le contentieux de la constitutionnalité et de la légalité en France*. Allemagne et Angleterre. Paris: L.G.D.J., 1995.

Impressão e acabamento:
EDELBRA - INDÚSTRIA GRÁFICA E EDITORA LTDA.
Escritório: Av. Sete de Setembro, 466 - 1º andar
Fone/Fax: (054)321-3619- ERECHIM - RS - 99700-000
E-mail: edelbra@st.com.br
Fábrica: RS 331 - KM 2 - ERECHIM - RS - 99700-000
Bairro Demoliner - Fone/Fax: (054)321-1744